MINHANG
FUWU LIYI

■ 职业教育航空运输类专业"产教融合"新形态教材 ■

民航服务礼仪

U0646484

总主编：魏全斌
主　编：李　灵　魏全斌
副主编：陈秋雨　黄清豪　李　林　丁洁琪
参　编：李　静　刘家利　王莉莉　李　鑫
　　　　李任之　顾晓露　顾妍雯

北京师范大学出版集团
BEIJING NORMAL UNIVERSITY PUBLISHING GROUP
北京师范大学出版社

图书在版编目(CIP)数据

民航服务礼仪 / 李灵，魏全斌主编. —北京：北京师范大学
出版社，2024.11
职业教育航空运输类专业"产教融合"新形态教材 / 魏全斌主编
ISBN 978-7-303-29632-3

Ⅰ. ①民… Ⅱ. ①李… ②魏… Ⅲ. ①民用航空－乘务人
员－礼仪－职业教育－教材 Ⅳ. ①F560.9

中国国家版本馆 CIP 数据核字(2023)第 242225 号

图书意见反馈：zhijiao@bnupg.com
营销中心电话：010-58802755 58800035
编 辑 部 电话：010-58802751

出版发行：北京师范大学出版社　www.bnupg.com
　　　　　北京市西城区新街口外大街 12-3 号
　　　　　邮政编码：100088
印　　　刷：保定市中画美凯印刷有限公司
经　　　销：全国新华书店
开　　　本：889 mm×1194 mm　1/16
印　　　张：10.75
字　　　数：215 千字
版　　　次：2024 年 11 月第 1 版
印　　　次：2024 年 11 月第 1 次印刷
定　　　价：38.00 元

策划编辑：王云英　　　　　　　　责任编辑：王贺萌
美术编辑：焦　丽　　　　　　　　装帧设计：焦　丽
责任校对：陈　荟　　　　　　　　责任印制：赵　龙

职业教育航空运输类专业"产教融合"新形态教材
专家指导委员会

主 任

魏全斌　四川西南航空职业学院　荣誉院长、研究员

　　　　四川泛美教育投资集团有限责任公司　董事长

副主任

杨新湮　中国民航大学　副校长、教授

叶　耒　中国商用飞机有限责任公司四川分公司　总经理助理、人力资源部部长

王海涛　成都航空有限公司　人力资源部总经理

委 员

郭润夏　中国民航大学　教授

陈玉华　成都航空职业技术学院　教授

裴明学　四川西南航空职业学院　院长、研究员

龙　强　四川泛美教育投资集团有限责任公司　特聘专家

刘　桦　四川泛美教育投资集团有限责任公司　副总裁、特级教师

曾远志　四川泛美教育投资集团有限责任公司　副总裁

前言

党的二十大报告指出"推进职普融通、产教融合、科教融汇，优化职业教育类型定位"。我国进入新的发展阶段，产业升级和经济结构调整不断加快，各行各业对技术技能人才的需求越来越迫切，职业教育的重要地位和作用越来越凸显。面对新需求，职业教育需要不断深化改革创新，在高质量发展中由大变强。

近年来，随着经济的发展和社会的进步，民航业得到空前发展。习近平总书记强调"为把我国建设成为航空强国而不懈奋斗""为实现中华民族伟大复兴再立新功"。因此，一批办学理念先进、教学与实习实训设备精良、师资力量雄厚的航空运输类学校应运而生，为促进航空运输的发展做出了重要贡献。

培养高素质的民航服务人才，离不开高质量的学校，也离不开高水平的教师，更离不开理念先进、内容丰富、形式新颖的精品教材。为此，我们组织全国行业职业教育教学指导委员会、职业教育教学研究机构的专家，民航企业的行家，以及具有丰富的专业教学与教材编写经验的优秀教师群策群力编写了本教材。

本教材立足国内民航企业相关工作岗位对人才素质与能力的要求，针对民航专业学生职业生涯发展的需求编写。在内容上，本教材涵盖了民航服务的典型工作任务，体现了"贴近社会生活、贴近民航服务工作实际、贴近学生特点"和"与职业岗位群对接、与职业资格标准对接、与实际工作过程对接"的"三贴近""三对接"的特点，注重学生职业核心能力的培养。在形式上，本教材按照"具体—抽象—实践"的逻辑顺序，设计了寻礼之问、礼在身边、触礼旁通等栏目，行文中图文并茂，突出了教材的实用性、实践性和实战性，并通过思政园地栏目突出教材的思想性、政治性。本教材可供职业院校航空运输类专业学生使用，也可作为航空运输类企业员工培训教材或参考资料。

本教材在编写过程中，得到了成都航空客舱部、成都天府国际机场地面服务部、泛美星程航空服务(重庆)有限公司、广州白云国际机场地面服务部等民航企业和行业专家的指导与支持，在此一并表示衷心的感谢。

　　《民航服务礼仪》由李灵、魏全斌担任主编，陈秋雨、黄清豪、李林、丁洁琪担任副主编。此外，李灵参加了模块一、模块二、模块三和拓展模块的编写，陈秋雨参加了模块一、模块二、模块三的编写，李静、丁洁琪参加了模块二的编写，刘家利参加了模块三的编写，王莉莉、李鑫、李静、丁洁琪参加了模块四的编写，黄清豪参加了拓展模块的编写。全书由李灵、顾妍雯统稿。

　　由于编者水平限制，教材中难免有不足之处，敬请广大读者提出宝贵的意见，以便我们修订时加以完善。

目 录

■模块四■
民航专业礼仪
实训
112

■拓展模块■
礼仪活动策划
147

模块一 民航礼仪与服务能力认知

✈ 项目一 礼仪认知

◆ 项目描述 ◆

"提升服务素质，优化服务水平，提升服务质量，给旅客带来良好的乘机体验，提升企业品牌影响力……"李丽经常听到航司人力资源部经理和老师跟同学们谈到这个话题。服务礼仪是服务质量的重要组成，是服务能力的重要体现。民航专业学生要知礼、守礼、懂礼、用礼，通过礼仪体现思想道德水平、文化修养、交际交往能力，体现民航企业的文化内涵、职业道德。那么礼仪到底是什么呢？请学习者通过本项目的学习，了解礼仪的起源、发展、内涵及本质，理解礼仪的特征并在自身的学习和未来的工作中进行合理有效的运用。

◆ 礼在身边 ◆

曾子避席

仲尼居，曾子侍。子曰："先王有至德要道，以顺天下，民用和睦，上下无怨。汝知之乎？"曾子避席曰："参不敏，何足以知之？"

译文：

曾子是孔子的一个弟子，有一次他在孔子身边侍坐，孔子就问他："以前的圣贤之王有至高无上的德行、精要奥妙的理论，用来教导天下之人，人们就能和睦相处，君王和臣下之间也没有不满，你知道它们是什么吗？"曾子听了，明白孔子是要指点他最深刻的道理，于是立刻从坐着的席子上站起来，恭恭敬敬地说道："我不够聪明，哪里能知道？还请老师把这些道理教给我。"

寻礼之问

1. 什么是"避席"？
2. 曾子为何要"避席"？

任务 1 礼仪起源认知

任务目标：

1. 了解礼仪的五种起源说。

2. 了解中国礼仪发展的历程。

3. 理解中西方礼仪融合发展的意义。

一、礼仪的起源

我国素有"礼仪之邦"的美誉，礼仪文化源远流长。"礼"字最早出现在金文里。人类发展的初期，人们对很多自然现象，如火山喷发、地震、电闪雷鸣等无法理解也无法解释，只能归结为鬼神的力量所致，他们认为天地间有神的力量在主宰，也有鬼魂的存在，而出于对天地鬼神的惧怕、敬仰，人们通过设计流程、举行仪式、敬献祭品等方式来表达敬畏，这种流程逐渐固化为一种规范，这样就产生了礼。北京的"天坛""地坛"就是古代国君用来举行这类祭天祭地活动的建筑。

礼仪对中国社会历史发展产生了广泛而深远的影响，其内容非常丰富。礼仪究竟在何时、因何故而起，自古以来有很多探讨与说法。归纳起来，大体有以下五种礼仪起源说。

1. 天神生礼仪

"礼以顺天，天之道也。"（《左传》）意思说，礼是用来顺乎天意的，而顺乎天意的礼就合乎"天道"。由此可见，礼是当时人们对神的崇拜和敬畏，希望通过敬畏、顺从、恭敬等方式来取悦这些超自然的神灵。

2. 礼为天地人的统一体

"礼之用，和为贵。先王之道，斯为美。"（《论语·学而》）意思说，礼的应用中和谐是最为重要和宝贵的。"先王"指的是古代君主，"之道"是说治国方法，他们最值得珍惜的就是和为贵。天地与人是既相互制约又和谐统一的关系，所以要讲究和谐统一。

3. 礼源于人性说

"樊迟问仁。子曰：'爱人。'"（《论语·颜渊》）。一方面，孔子把礼和人类爱的天性结合起来，认为礼起源于人的天性，每个人的内心都有礼，都懂礼，都会礼。孔子以仁释礼，在人际交往中把"礼"作为处理人际关系的重要原则。另一方面，孔子把"仁"当作"礼"的心理依据，践行克己爱人，主张用仁爱之心正确而恰当地处理好人际关系，解决相应矛盾。

4. 礼为人性和环境矛盾的产物

"颜渊问仁。子曰：'克己复礼为仁。一日克己复礼，天下归仁焉。'"（《论语·颜渊》）克己是对自我的管理，人与环境会产生矛盾，而解决这种矛盾的方法就是"克己"。孔子一直把对人性的约束和管理作为恢复周礼的重要途径，人有各种欲望，需通过道德、礼仪、法律等形式进行规范，故礼为人性和环境矛盾的产物。

5. 礼生于理，源于俗

这是对礼仪起源的更深入探讨。礼生于理，其中的理是指事物发生的必然性道理。人们为了正常的生存和长远的发展，依据面临的生存条件，制定符合人类生存发展道理的行为规范，就是"礼"。故"礼"是人们理性认知的结果。而落到实处的"礼"与世故习俗有关，如生活中不同的礼节以及丰富的仪式。

根据上述种种说法，我们可以认为"礼"是内心存在的道德、规范、素养、内涵，有了这种道德规范，才有相应"仪"的形式去表现。故"礼"与"仪"是密不可分的，礼仪的出发点是为了确保人类群体的和谐安宁，避免矛盾冲突，表达良好愿望。

二、中国礼仪发展的历程

我国是世界四大文明古国之一，几千年来创造的灿烂文化，形成了高尚的道德准则、完整的礼仪规范，被世人称为"礼仪之邦"。我国传统礼仪的发展历程可分为四个阶段。礼仪起源于尧舜时期，形成于夏、商、西周三代，变革于春秋战国时期，强化于秦汉到清末时期。

礼仪从周朝开始逐步趋向完善。周朝制定了《周礼》《仪礼》《礼记》，开始区分贵贱、尊卑、顺逆等人际交往准则。礼仪逐步从治理国家到规范社会，从家庭到个人，所有人和事无不按照一定的程序、仪式进行，形成了一定的规范。在这一时期，周公、孔子对礼仪的发展起了巨大作用。

周公的"制礼作乐"，实际上就是建立周代的一系列制度，它涉及政治、经济、法律、礼仪、祭祀、教育等制度及乐舞活动，是对周代的社会政治文化各个方面的较全面的规范。在制定周代礼制过程中，周公不是简单地重复前代礼仪，而是把礼仪贯穿于所有活动中，从而建立了一套完整、周密甚至烦琐的礼仪系统，使礼仪在周代具有全新的意义。

春秋时期，社会生产力的发展，新兴地主阶级的出现导致"礼崩乐坏"，社会十分混乱，新旧势力的斗争尖锐。孔子在这一时期提出"仁"的思想，并把它同"礼"有机结合在一起，形成了儒家思想体系的核心，构成了儒家思想的社会道德规范。在中国早期文明史上，周王朝礼乐文明持续数百载，对中华民族文化心理的塑造产生了重要影响，最终

确立了中国"礼仪之邦"的历史地位。

寻礼之问

周公和孔子对礼仪的发展起到了重要作用，请大家尽可能多地搜集有关周公和孔子的礼仪小故事，并挑选你体会最深的一个和同学们分享，告诉大家从他们的故事中你学到了什么，有什么感悟。

鸦片战争使我国的国门被西方列强打开，之后伴随着西方政治、经济、文化、思想、理念等各方面的渗入，中国的传统礼仪文化也在巨大的冲击中发生着演变，如西方流行的见面礼仪在我国得到了接受和运用，之前的拱手礼演变为握手礼、鞠躬礼等礼节形式。在辛亥革命后，我国兴起了新思想、新理念下的符合现代社会道德的礼仪表达形式，在改革的大潮中，对外经济文化的交流不断加强，同时也将世界各习俗一并带了进来。

寻礼之问

你所知道的礼节中，哪一些是从西方国家传入我国的？

随着信息技术革命的不断发展，在经济全球化的推动下，世界各国之间、不同民族之间、不同地域之间的交往与沟通日益频繁和密切，一些共同的礼仪将被作为国际公认的行为规范而普遍采用，从而进一步影响礼仪文化的发展，并最终形成新的礼仪规范。

·触礼旁通·

"热爱自己的班级，遵守班级礼仪规范，将使用文明礼貌用语作为习惯，将对人微笑作为修养，将为他人服务作为素质，将得体的化妆和规范的着装作为基础，我将牢记和遵守……"

这是四川西南航空职业学院2002级空乘1班班级公约的开头部分，同学们在每天的班级公约诵读中潜移默化地改变着自己的言行举止，让自己拥有一颗为他人着想、为班级争光的荣誉之心。

毕业十年以后，每当同学们和老师一起回忆这个片段，同学们纷纷表示这样的班级公约能够提醒他们时时刻刻将礼仪规范牢记于心、践之于行，时时刻刻约束他们在工作中、生活中关注公约，关注新的规范，不断提升文化内涵。

任务 2　礼仪内涵认知

任务目标：

1. 了解"礼"和"仪"在不同方面的寓意。

2. 了解礼仪的内涵。

"礼"和"仪"共同组成"礼仪"一词，两者既有差异也有共同的含义。

一、"礼"的含义

（一）尊敬、敬意的统称

《礼记·曲礼》："从于先生，不越路而与人言。遭先生于道，趋而进，正立拱手。"跟随先生走路，不能走到前面与别人说话。在路上遇见先生，应快步上前，站直身体向对方拱手致敬。文中表达了对老师的尊敬与敬意。"礼"的核心是尊重、尊敬，对任何人、任何事都应抱有尊敬之心、敬畏之心。

（二）表示敬意或表示隆重举行的仪式

中国古代有"五礼"之说，人们将社会中各种礼仪分为吉礼、凶礼、军礼、宾礼、嘉礼五类。

（三）泛指社会生活中的某种社会规范和道德规范

《左传》："礼者，理也。礼者，事之至也。"学习礼学，不仅需要学会做人做事的道理，还要学会规范做事的方法。礼既是一种外在表达的形式，也是内在的意识与思想、道德与规范。礼仪与道德、法律和公共政策一起，共同构成维护社会有序运行的社会管理工具。比如，我们在公共交通场合要遵守交通运输的礼仪和规范。

（四）表达送礼物、礼品

中国自古崇尚"礼尚往来"，在重要节日和人际交往中人们都会以送礼物、礼品的方式表达对对方不同的情感及情谊。

二、"仪"的含义

（一）指典范、表率

"上者，下之仪也。彼将听唱而应，视仪而动。唱默则民无应也，仪隐则下无动也。不应不动，则上下无以相有也。"（《荀子·正论》）君主，是臣下的准则。百姓听到倡导就响应，看到准则就行动。君主沉默，百姓就无法响应；准则隐匿，百姓就无法行动。不

响应、不行动，那么上下就无法相互依靠。这体现出"仪"的表率、榜样和带头作用。

（二）指容貌、风度

"君子正其衣冠，尊其瞻视，俨然人望而畏之，斯不亦威而不猛乎？"（《论语·尧曰》）意思说，君子衣冠整齐，目不斜视，使人见了就生敬畏之心，这不也是威严而不凶猛的体现吗？故良好的仪容仪表也可展示出个人的形象气质。

（三）指仪式、礼节

"凡王之会同、军旅、甸、役之祷祠，肄仪，为位……"（《周礼·春官宗伯》）意思说，凡因王会同、征伐、田猎或兴起劳役而祭祀求福，就预习礼仪，设置祭位。文中的"仪"代指古代王者因事祭祀的仪式。

礼是规定社会行为的法则、规范、仪式的总称。因时间、地域、民族文化等因素的差异，礼仪在不同的民族、不同的国家、不同的时代有不同的表现方式。

· 触礼旁通 ·

一起来看一则飞行日记。

欧洲的冬天经常大雪纷飞，航班会因此而延误或者取消。

今天是我第一次飞前往伦敦的航班，经过 7 小时的飞行，准备下降时机长接到地面报告：因为下雪，能见度太低，飞机不能降落。我们不得不在空中盘旋了近 1 小时，可是很遗憾的是，最终伦敦机场还是因暴风雪不得不宣布暂时关闭，我们备降到了曼彻斯特机场等待伦敦的放飞通知。这一等就是 7 小时，旅客们都很友好，只是偶尔过来询问天气情况。我们不断地给旅客提供饮品和餐食，最后连飞机上的饼干和糖果也都全部发完。

在确定短期内伦敦机场不会再开放的情况下，旅客们终于还是在曼彻斯特结束了这次的飞行。前后 15 小时无间断的服务，每个乘务员都毫无怨言、用心在做，虽然很累，但是我们让旅客体验到了高质量的服务，我们觉得很值得。

寻礼之问

1. 在你的认知中，"礼仪"到底是什么呢？
2. 结合你的生活经历，讲一件你认为能传达讲礼、懂礼的事情。

任务 3　礼仪特征认知

任务目标：

1. 了解礼仪的六大特征。

2. 理解礼仪在实际运用中的灵活变通性。

"礼者，敬人也。"礼仪是一种待人接物的行为规范，也是交往的艺术，受历史传统、风俗习惯、宗教信仰、时代潮流等因素影响而形成，既为人们所认同，又为人们所遵守，是以建立和谐关系为目的的各种符合交往要求的行为准则和规范的总和。礼仪也是一个不断发展进化的过程，它在社会文明的发展中不断与社会融合，推动了社会文明的发展。礼仪包含以下六大特征。

一、规范性

礼仪是一种规范。礼仪规范是人们在实践中形成的一定的礼仪关系，并通过某种风俗习惯和传统模式固定下来，见于人们的生活实践，从而形成人们普遍遵循的行为准则。这种行为准则，不断地支配或控制着人们的交往行为。规范性是礼仪的一个重要的特性。

二、多样性

礼仪与每个人都有着密不可分的联系，它涉及不同的领域、不同的个体。不管是在内容上，还是在形式上，礼仪都是丰富多样的。各地区、各民族文化与习俗存在差异，各地区、各民族的礼仪也具有各自的特色。不同的文化背景，产生了不同的礼仪文化。比如，见面问候致意的形式，有点头致意的，有拥抱吻面的，有双手合十的，有手抚胸口的，有口触手背的，更多的还是握手致意。我国疆土辽阔，是一个多民族大家庭，不同的民族，其风俗习惯、礼仪文化也各有千秋。

礼仪是人类文明的产物，不论在东方还是西方，人们都以讲文明、懂礼貌为行为准则。但是，由于历史背景和文化传统的不同，中西方礼仪在一些方面存在差异。正是这种差异，造就了礼仪多样性的文化特点。

三、传承性

作为一种人类的文明积累，礼仪将人们在交际应酬之中的习惯做法固定下来，流传下去，并逐渐形成自己的民族特色，这不是一种短暂的社会现象，而且不会因为社会制度的更替而消失。对于传统礼仪，我们不应全盘沿用，而应有扬弃、有继承，更有发展。

四、差异性

礼仪是一种行为准则和约定俗成的规范，这是各民族礼仪文化的一个共性。但是对于礼仪的具体运用，会因现实条件的不同而呈现差异性。这主要表现在：同一礼仪形式常常会因时间地点的不同，在意义上出现差异。礼仪的差异性，还表现为同一礼仪形式，在不同场合，针对不同对象，会有细微差别。"百里不同风，千里不同俗"既反映了同一地区有可能存在的礼仪差异，也反映了不同的地域文化差异下不同的习俗和规范。

了解和尊重礼仪的差异性，是我们在社交活动中的修养。

五、操作性

礼仪具有很强的实践性，礼仪只有在实践和运用中才能更好地体现其价值。无论是内在尊敬心的表达还是外在良好形态的表达，都体现了实践的重要性。与纯粹的概念探讨、逻辑演绎等抽象理论不同，它注重一切从实践出发。例如，作为民航服务人员，要在工作中始终展现出良好的礼仪素养、职业精神和专业态度，严格按照着装礼仪规范，恪守端庄、典雅、合规，站得直、坐得正、行得端，言谈文雅有礼——"请"字开头，敬语当先。

六、时代性

《礼记》中记载"礼，时为大"，其中的"时"就代表了礼仪是与时俱进的，不是一成不变的，礼仪会依据时代的不同、文化的不同、背景的不同、思想观念的不同而呈现不同的表达形式。比如，不同年代着装的差异反映出每个时代都有属于当下具有特色和流行的元素。在20世纪50年代，我国的穿着以绿、蓝、黑、灰为主，普通百姓甚至还穿着打补丁的衣裤。工装背带裤是当时的新时尚，那时人人参加劳动，建设新中国，需要耐磨耐脏的日常服装。这就反映出当时人们的思想行为已经统一到一个文化模式中。现在丰富多彩的服饰文化也正是现代人丰富的内心世界的反映，可见礼仪文化总是一个时代的写照。这一特征在民航业中也有相应投影，航空业发展初期空乘人员的制服比较单一，随着时代的变化、人们审美的变化，如今各个航空公司的制服绚丽多彩，具有强烈的识别性、观赏性。

礼仪的六大特性告诉我们，守规范是守礼，突破创新也是守礼，所谓"不以规矩，不能成方圆"，不以规矩不是不守规范，而是在遵守规范的前提下培养创新思维，形成创新能力，也就是守正创新。同样，传承文化是守礼，尊重习俗是守礼，与时俱进是守礼，从而用"礼之心"结出"礼之果"。

1. 在日常生活和学习中，如何理解礼仪的规范性特征？请举例说明。

2. 谈谈你对民航礼仪内涵的理解。

任务4　礼仪原则认知

任务目标：

1. 了解礼仪的五大原则。

2. 掌握不同原则的内涵。

3. 领会不同原则的真正寓意并运用于自身学习和生活中。

马克思说过：人的本质在其现实性上是一切社会关系的总和。人虽然是独立的个体，但不能脱离社会，需要在社会团体中生活。人类是群居动物，离不开人际交往，礼仪在人际交往活动中扮演了重要角色。礼仪是人际交往的"润滑剂"，良好的礼仪能促进和谐的人际关系的产生。

·触礼旁通·

西餐宴会中的小故事

在一次庆祝商务合作成功的大型西餐宴会上，在宴会进入尾声时，侍者用精致的小盏端来清水。这盏水是给餐饮嘉宾净手的，但参加宴会的客人不了解这个习俗，以为是喝的水，于是端起小盏一饮而尽。宴会主人为了不伤害客人尊严，不让宴会陷入尴尬，也端起面前的小盏，和客人一起喝下洗手水。参加宴会的其他嘉宾看见后，纷纷效仿。宴会在欢声笑语中愉快地结束了。

寻礼之问

1. 宴会主人为什么要把净手的水也喝掉呢？

2. 这个礼仪小故事对你有什么样的启示？

一、礼敬他人的原则

礼敬他人是指在社交活动中，交往对象之间相互尊敬、谦让，友好相待，和睦共处；尊重交往对象的人格，尊重交往对象的感情、喜好、习俗，尊重交往对象的劳动，将对交

往对象的重视、恭敬、友好放在首位。礼敬他人，是与他人建立和谐的人际关系的基石。

二、真诚尊重的原则

苏格拉底说："不要靠馈赠来获得一个朋友，你必须贡献你诚挚的爱，学习怎样用正当的方法来赢得一个人的心。"由此可见在与人交往过程中，真诚尊重是礼仪的重要原则。真诚是以实事求是的态度待人处世，是友善、诚意的体现。具体表现在，首先，以真诚示人，对待社交对象不虚伪、不欺骗；其次，正确认识他人、相信他人、尊重他人。只有真诚待人、尊重他人，才能创造和谐愉快的人际关系。

· 触礼旁通 ·

公元前 521 年春，孔子与宫敬叔同行前往京都，到达的第二天，孔子便徒步前往守藏史府去拜望老子。正在书写《道德经》的老子听说誉满天下的孔丘前来求教，赶忙放下手中刀笔，整顿衣冠出迎。孔子见大门里出来一位年逾古稀、精神矍铄的老人，料想便是老子，急趋向前，恭恭敬敬地向老子行了弟子礼。进入大厅后，孔子再拜后才坐下来。老子问孔子为何事而来，孔子离座回答："我学识浅薄，对礼制一无所知，特地向老师请教。"老子见孔子这样诚恳，便详细地抒发了自己的见解。孔子用自己的真诚获得了老子的认同，学习了更多的真知灼见。

三、平等适度的原则

礼仪行为是相互的，你施礼于他人，他人自然会还礼于你，这种礼仪施行必须讲究平等的原则。平等适度在交往中表现为不自以为是，不目空无人，不厚此薄彼，不以职业、地位、权势压人；既要彬彬有礼，又不能低三下四；既要热情大方，又不能轻浮谄谀；要自尊但不能自负，要坦诚但不能粗鲁，要信任但不能轻信，要活泼但不能轻浮，要谦虚但不能拘谨，要老成持重但不能圆滑世故；处处时时平等谦虚、以礼待人。平等是人与人交往时建立情感的基础，是保持良好的人际关系的秘诀。

四、自信自律的原则

自信是服务工作中的原则，唯有自我认可，对自己充满信心，才能如鱼得水，得心应手。自信是很可贵的心理素质。一个有自信的人，能在交往中不卑不亢、落落大方。自律即自我约束，只有保持自律才能保证学习、工作、生活有秩序进行。自信自律是建立人际关系不可或缺的部分。

· 触礼旁通 ·

有一天早晨，鲁迅上学迟到了。教书认真的寿镜吾老先生严厉地对他说："以后要早到!"鲁迅默默地回到座位上，在那张旧书桌上刻了个"早"字，也把一个坚定的信念深深地刻在心里。从那以后，鲁迅上学再没有迟到过，而且时时早、事事早，奋斗了一生。

五、信用宽容的原则

信用的原则即讲究信誉。诚实守信是中华民族的优秀传统美德。在社交活动中，一是守时，与人约好的会见、会谈、会议等，决不应拖延迟到；二是守约，与人约定的事一定要说到做到，所谓言必信，行必果。

宽容的原则即与人为善。宽容他人、理解他人、体谅他人，不求全责备、不斤斤计较。总而言之，信用宽容是维持和谐社交关系的良方。

· 触礼旁通 ·

一诺千金

秦末有个叫季布的人，他一向说话算数，信誉非常高，许多人都同他建立了深厚的友情，当时甚至流传着这样的谚语："得黄金百斤，不如得季布一诺。"(这就是"一诺千金"的由来。)后来，他得罪了汉高祖刘邦，被悬赏捉拿。但是，由于他平时在朋友中的良好信誉和口碑，他旧日的朋友不仅没有被刘邦的重金收买，反而冒着危险保护了他，使他免遭祸殃。

寻礼之问

1. 对于礼仪的原则，你是如何认识的？
2. 作为民航专业的学生，你认为民航从业人员应当具备哪些礼仪素质？

· 思政园地 ·

礼仪是人际交往的通行证，是一个人、一个民族素质素养的体现。中华礼仪源远流长。学习礼仪，不仅仅是遵守规范的体现，更是丰富内心、促进全民素养提高的重要途径。

明礼诚信，宽容友善，不仅是礼仪的要求，更能促进我们的自身素养的提升。

· 项目自测 ·

1. 周朝是礼仪逐步趋向完善的时代，在此期间，(　　)对礼仪的发展起到了巨大的作用。(单选题)

A. 孟子　　　　　　B. 老子　　　　　　C. 周公　　　　　　D. 孔子

2. 下面有关"礼"的内在含义说法正确的是（   ）。（多选题）

A. 表示尊敬、敬意的统称

B. 为表示敬意或表示隆重举行的仪式

C. 泛指社会生活中的某种社会规范和道德规范

D. 表示送礼物、礼品

3. 下面有关"仪"的内在含义说法正确的是（   ）。（多选题）

A. "仪"具有表率、榜样和带头作用

B. 指个人容貌、风度

C. 指各种大小型仪式、礼节

4. 礼仪在本质上具有不同的特征，礼仪的特征包括（   ）。（多选题）

A. 规范性　　　　B. 时尚性　　　　C. 多样性　　　　D. 传承性

E. 差异性　　　　F. 操作性　　　　G. 时代性

5. 礼仪的本质是"尊重"，尊己且尊他。有关礼敬他人的原则说法正确的是（   ）。（多选题）

A. 礼敬他人是指在社交活动中，交往对象之间相互尊敬、谦让，友好相待，和睦共处

B. 礼敬他人是尊重交往对象的人格，尊重交往对象的感情、喜好、习俗，尊重交往对象的劳动，将对交往对象的重视、恭敬、友好放在首位

C. 礼敬他人主要是分场合和对象，根据具体的场合和对象选择是否给予对方尊重

D. 礼敬他人是与他人建立和谐的人际关系的基石

✈ 项目二 民航服务意识认知

▪ 项目描述 ▪

　　了解了礼仪对服务的重要性后，李丽对提升民航服务质量有了新的认识。但老师又说，单纯地遵守规章、机械地使用服务技能和服务技巧，无法从真正意义上走出"模式化服务"的误区，不可能提供个性化的优质服务。航司人力资源部经理也告诉同学们，只有了解民航服务的现状，才能真正树立主动服务的意识。请学习者通过本项目的学习，了解民航服务的含义及本质，了解民航服务的现状及服务质量问题产生的原因，掌握民航服务中树立主动服务意识的重要性，从而提升服务意识，提供温馨、温情、用心的服务。

▪ 礼在身边 ▪

　　某日，在 A 到 B 的航班上，头等舱的一名旅客向乘务员询问是否有黑巧克力，乘务员知道这次航班没有配备，但她并没有采取简单否认的方式处理，而是先询问机组成员，后来终于在副驾驶那里找到了黑巧克力并送给了旅客。后来，当乘务员了解到这名旅客一周后要乘坐该公司航班从 B 返回 A 后，主动与当天执行航班任务的头等舱乘务员联系，特意为这名旅客准备了黑巧克力。从此，这名旅客成了这家航空公司的忠实顾客。

寻礼之问

　　1. 案例中这名旅客为什么会成为这家航空公司的忠实顾客？

　　2. 此案例说明了民航服务从业人员需要具备什么样的素质？

　　3. 这个案例对于你理解民航服务的含义有什么启示？

任务 1　理解民航服务的内涵及特征

任务目标：

1. 理解民航服务的含义。

2. 理解民航服务的本质。

3. 了解并掌握民航服务行业的基本特征。

一、民航服务的含义

一张机票，形成了旅客与航空公司之间的契约关系。旅客买了机票，航空公司就应履行飞行的承诺。民航服务是承诺的兑现，既是商业行为，又超越了商业行为本身。只有民航服务的行为超越契约本身，服务才会收获除利益以外的信誉积累，从而实现超预期的企业发展。由此可见，民航服务就是按照民航运输技术和规范的要求，以满足旅客需求为目标，通过旅客直接参与完成的一系列活动的总称。根据民航服务的实际，我们还可以从以下三个不同的角度认识、理解民航服务。

第一，从广义上来看，民航服务不仅包括航空公司提供的单纯的服务技巧，还包括各项内外设施，是有形设施和无形服务共同组合而成的有机整体。

第二，从航空公司的角度看，民航服务的本质是员工的工作表现。这是航空公司提供给旅客的无形产品，而这个产品具有消费和生产同时发生的特征，而且具有不可储存性。比如，旅客购买了航空公司的机票，通过值机服务获得座位号码，并在飞行途中在自己的座位上享受空中服务，这个过程是旅客消费的过程，也是空中乘务组生产服务的过程。如果生产质量不高，服务质量不好，旅客的消费体验就不好。一旦航程结束，旅客就不再拥有这个座位和这次服务，旅客的消费结束了，这段航程的生产也告一段落了。

第三，从旅客的角度看，民航服务是旅客在消费过程中所感受到的一切行为和反应，可以说是一种经验的感受，也可以说是航空公司及其服务人员的表现给他们留下的印象。

二、民航服务的本质

·触礼旁通·

国庆节当天，王先生乘坐从成都飞往哈尔滨的飞机。到了午餐时间，乘务员推着餐车询问王先生愿意食用鸡肉米饭还是牛肉米饭，王先生说："这两种食品我都不能吃。"

王先生本以为自己会因特殊的饮食习惯而饿肚子，没想到乘务员却说："先生，抱歉，我帮您找一份素食吧。"

过了没多久，那名乘务员又来了："很抱歉先生，航班上的素食也发完了，我给您准备了一个烤土豆和一包饼干，您看可以吗？"王先生听完，对乘务员表达了感谢。

寻礼之问

1. 这名乘务员的哪些行为让王先生感到贴心？

2. 你觉得是什么让乘务员做出了这些贴心的事情？

3. 从该案例出发，你怎么理解民航服务的本质？

民航服务的本质就是要理解并尊重旅客的心理和意识，通过提供超出旅客预期的优质服务来满足旅客的旅途需求，创造交换价值，体现服务的价值并让旅客感受服务所带来的快乐，最终使旅客的满意程度最大化。

三、民航服务的行业特征

民航运输是一个特点鲜明的服务行业，在具备一般服务行业基本特点的基础上还具有明显的行业特征。

安全性：指旅客的生命、财产安全首先要得到保障。安全是每个航司和机场在服务中的第一要务，也是考察航空服务质量的首要指标。

时间性：指服务在准点、快捷上满足旅客需要的程度。选择飞机出行，最大的考虑是节约时间，因此诸如航班能否正点、值机办理手续是否快捷等都会影响旅客对服务质量的评价。

经济性：指定价要合理。飞机票价过高会影响旅客的消费选择，因此只有定价合理，满足经济规律和特性才能促进旅客消费。

舒适性：指旅客对航空服务的整体感觉，其中既包括硬件层面的因素，如座椅间走廊的宽度、客舱的色调与色彩、窗机的灯光，也包括软件层面及服务方面的因素。

功能性：民航企业必须牢记民航运输最终是为旅客运输服务的，实现运输功能，是航空公司所有服务的最终服务指向。

文明性：指服务是否体现出文明，包括亲切惬意的服务水平、友好的服务态度、良好的服务技巧等。

四、民航服务的 8 条通用标准

（1）是否具有"我为人人，人人为我"的大局意识。

（2）是否具有诚实经商、讲求信誉的经营意识。

（3）是否具有以旅客为中心的服务意识。

（4）是否具有旅客至上、服务第一的规则意识。

(5)是否具有"来的都是客"、一视同仁的平等意识。

(6)是否具有客随主便的变通意识。

(7)是否具有不断适应旅客的发展意识。

(8)是否有更新观念、推陈出新的创新意识。

·触礼旁通·

暖心服务，让这位民航老前辈赞不绝口

大年初二的机场熙熙攘攘，出行的旅客脸上满含笑意。某机场航服分公司的小菲在二号航站楼K值机岛看到一位老人家从远处缓缓走来。察觉到老人家沿途寻找的目光，小菲主动迎上前，询问老人家是否需要帮助，询问后得知这位邝婆婆今年96岁了，她从香港过来，准备乘坐第二天的航班去北京，今天特意到机场提前熟悉一下环境。

在交谈中，小菲了解到邝婆婆目前居住在距离机场很远的市区酒店，如果要保证明天能准时到达机场，需要天不亮就出门，而邝婆婆视力又不好，这么早出门有一定的安全风险，所以小菲主动建议邝婆婆更换到机场附近居住。

邝婆婆采纳了小菲的建议，并向她咨询哪些酒店适合自己，小菲耐心仔细地向邝婆婆介绍了机场的计时休息室、机场附近酒店的几种不同住宿方案，邝婆婆对计时休息室很有兴趣，小菲又热心地提着行李陪伴老人家前往位于一号航站楼的计时休息室。

在计时休息室里，柜台服务员小娜为邝婆婆做了热心的介绍，邝婆婆非常满意，表示想在这里住。小娜不仅安排邝婆婆在休息区休息，还跑前跑后，帮助她订好了舒心的过夜房。

考虑到邝婆婆第二天出发时需要从一号航站楼转到二号航站楼办理乘机手续，孤身一人带着行李十分不便，小娜贴心地帮邝婆婆预约了免费的"安心送机"服务，在邝婆婆出发当天专门安排服务员协助办登机牌、托运行李、过安检，确保老人家全程无忧、一路畅顺。

登机前，邝婆婆一再表达了对机场服务人员的感谢，说："小姑娘，76年前我也是一名民航服务员，对民航服务的变化非常有感触，今天我享受到你们的服务，你们提供了那么多的服务内容，机场还有那么好的设施，让我感到非常温馨、非常满意。现在的民航服务真是越来越好了，谢谢你们！"

寻礼之问

民航服务的哪些服务让邝婆婆感受到了温馨和满意？

任务 2　理解民航服务的现状

任务目标：

1. 了解民航服务的现状及服务质量问题产生的原因。
2. 探索并讨论扬长避短的方法。

一、民航服务的现状

长期以来，民航服务的标准化、规范化一直是令人称道的，高标准的民航服务和良好的员工形象早已在旅客心中留下了深刻印象，这与各航空公司和机场对员工开展的岗前服务技能培训与不定期的考核密切相关。随着经济的不断发展，飞机已经成为连接更多旅客和家庭的寻常运输工具，民航旅客群体结构也发生了巨大变化，民航服务面临着更加复杂的服务变化。同时，不断涌现的科技创新、不断增加的航站楼和航线，也使民航服务必须适应更加复杂的外部环境。调查显示，在正常的航班运行和航程中，90%以上民航员工可以自如地应对旅客需求，处理和解决旅客的问题。但在非常规的服务环境下，如航班延误、航班超售、机上特殊情况发生等状况下，民航员工就显得经验不足。

民航服务缺乏人性化的具体表现是：目中无人、气势压人、开口训人和行不让人。尽管这只是个别员工的表现，但是这样的表现已经严重损害了民航服务的形象，损害了民航企业的经济效益，更损害了消费者的权益。

> **寻礼之问**
>
> 请大家讨论一下：什么才是提升服务满意度的法宝呢？民航服务出现质量问题的原因究竟是什么？

二、民航服务质量问题分析

（一）自我意识过强

自我意识过强的民航服务人员不会站在旅客角度思考问题，在工作中甚至出现高高在上、盛气凌人、态度恶劣、以自我为中心的做法，遇事不轻易认错，辩解或推卸责任成为他们的惯性行为，不会第一时间从自身寻找问题，难以与旅客建立和谐的关系。

> **寻礼之问**
>
> 在工作中具有较强的自我意识体现在哪里？会带来什么影响呢？

（二）市场意识不足

我国社会主要矛盾已经转化为人民日益增长的美好生活需要和不平衡不充分的发展之间的矛盾。落实到民航服务的具体工作中，就是要全面贯彻"发展为了人民"的理念。

民航企业需要根据旅客的消费和需求变化，不断调整自己的服务产品和内容，同时，遵循市场规律，造福于旅客和消费者。因此，各民航企业要与所有员工一起，将消费者和市场放在重要位置，与时俱进地深入研究人民群众对民航服务的需求，在服务范围、服务种类、服务环境、服务效率、服务能力、服务品质上下功夫，在降低消费者消费成本和提高消费者服务体验上下功夫。

（三）危机意识欠缺

· 触礼旁通 ·

时刻保持危机意识

很久以前，有一个牧羊人在寒冷的地方放羊。起初，这里的温度比较适宜羊生存，它们感到很舒适，慢慢地便养成了一种不爱动的习惯。冬天来了，气温骤降，寒冷的天气使羊群无法适应，很多羊都被冻死了。

牧羊人感到非常难过，为了使羊能更好地生存下去，他绞尽脑汁，最后想出了一个看似可怕的方法：在羊生活的地方放了几只狼。羊感到了生存危机，以不断地奔跑来防止狼的袭击。这样的奔跑有效地阻止了寒冷的侵蚀。在狼的威胁下，羊的死亡数量反而减少了。

寻礼之问

羊群能在寒冷的冬天顺利生存的原因是什么？结合生活实际，谈谈你对危机意识的理解。

自然界每天都在上演着弱肉强食，这体现了"物竞天择，适者生存"的淘汰法则。在快速发展的社会，各行各业的竞争日益激烈，随着互联网的发展，跨界竞争也成为常态。从民航企业来说，不仅面临着国内外民航企业的激烈竞争，还面临来自非民航企业的跨界竞争。如果从业人员没有像羊群一样时刻保持危机意识，不培养处理危机的能力，不创新服务、不主动服务，很难在突如其来的危机和竞争面前保持冷静，并游刃有余地化解危机。

寻礼之问

民航企业在发展中面临着哪些竞争与危机？

（四）培训提升有待加强

20世纪末以来，民航业加快了改革发展的步伐，伴随着经济的飞速发展、国内航线和航站楼的建设、旅客出游需求的快速扩张，民航业呈现出用人的"井喷"态势，民航服务人员供不应求。民航企业虽然也在积极开展对员工的培训，但快速扩张的用工需求难免影响培训的总体效果，再加上一些企业的培训注重形式，缺乏内容的更新，注重程序，缺乏实际效果，使培训不能完全实现增强员工荣誉感、责任感和使命感的目的，导致一些民航企业和员工"等、靠、要"思想仍然存在。具体来说，在提升服务质量的过程中，将希望寄托于等待"旅客整体素质提高"，靠着"民航这棵大树"，向政府要行业保护和企业优惠政策的思想还依然存在。

寻礼之问

结合民航业的发展现状，你认为民航业应该侧重培训员工哪些方面？

一些民航企业和员工的服务意识淡薄，缺乏服务责任心，这样很难有效提升民航服务的整体水平。加强民航服务人员"以旅客为中心"的服务理念，形成机场围绕飞机转、飞机围绕市场转、市场围绕旅客转的良性循环模式，是不断提升民航服务质量的基础。

任务 3 理解主动服务的重要性

任务目标：

1. 了解主动服务的内涵。

2. 理解主动服务的重要性。

3. 提升主动服务的意识。

一、正确认识服务意识

如果说民航服务人员的知识与技能是服务的机翼，那么服务意识才是使这架飞机展翅高飞的发动机。

良好的服务意识是有效发挥服务技能和技巧的基础。有了服务意识，才会避免危机发生；有了服务意识，才会出现更加温暖的画面。航司岗前培训可能会教给员工一千种技巧，但还会有一千零一种情况是危机爆发之源。只有"服务意识＋服务技能＋服务技巧"的民航服务，才能够实现真正意义上的旅客满意。

一个员工有了正确的服务意识，有了为旅客服务的愿望，有了让旅客满意的动因，他一定会努力提升自己的服务技能水平，克服种种困难，全方面地做好服务工作。就像案例中的汤乘务长，她能够站在妈妈的角度去关怀，站在发烧孩子的角度去体会，这样才能在长达十几分钟的时间里蹲在狭窄的客舱中，一次次地为孩子做降温处理。

只有提高服务意识，才能从优质服务的角度去思考和体验旅客的心理状态，分析和了解事情背后的真实需求、主要原因，从根源上解决和处理问题，让旅客体验高质量、温馨且有温度的服务。

· 触礼旁通 ·

温情时刻

2017 年 6 月 7 日，深圳到曼谷的航班上，乘务长汤某为发烧至 38.9 摄氏度的小旅客进行物理降温。她温柔地擦拭着孩子的小脚丫，一边转移他的注意力，一边安慰着焦急的年轻家长。十几分钟过去了，她都没起身，帮助孩子换了一条又一条毛巾，孩子的体温终于渐渐降了下来。孩子妈妈眼含泪光，不停地道谢。

寻礼之问

1. 案例中的汤乘务长为了给孩子降温做了哪些事情呢？

2. 是什么样的动力让汤乘务长能够坚持蹲在孩子面前十几分钟做医疗救治呢？

二、对民航服务意识的要求

从旅客的角度看，旅客坐飞机出行的目的，不外乎三个方面：一是安全，二是快捷省时，三是舒适。可一旦我们的服务水平和质量不能够让旅客实现这样的目的，旅客就会出现不满甚至投诉。

所以，对民航服务意识的基本要求是：在保证飞行安全的情况下，以解决旅客的实际问题、满足旅客的需求为做好服务工作的基本前提。

在不违反相关飞行安全条例的基础上，我们应该将飞行中发生的服务事件或服务矛盾，以及由此产生的争议、提出的赔偿、划分的责任等问题，都放到安抚旅客情绪、提供服务之后来解决。当然，若违反相应的安全条例和法律，应当立即请专业人士处理并解决。

　　民航服务人员应全心全意为旅客服务，以让旅客满意作为服务目标，实现企业的最终追求及目标，实现企业的发展。民航服务意识要求我们要信守服务承诺，用心用爱用温度服务，并乐于为旅客服务，妥善解决旅客在旅途中的问题。

三、树立主动服务的意识

·触礼旁通·

助旅客找回遗失行李

　　2017年，某机场地面服务部收到旅客亲自送来的一面锦旗。

　　事情发生在3个月以前，当天航班准时到达机场。值机员小李经过细心检查后按规范向客舱做出了安全手势。可随着客舱门的缓缓推开，乘务长却露出了略显着急的神色，她告诉小李，这个航班上的旅客明先生在广州机场候机时丢失了一个非常重要的包，包内有这次他出差时商务谈判需要的非常机密而且重要的资料，如果丢失了，不仅会泄露商业机密，也会使他即将开展的合作受到极大影响，他和他的公司将损失惨重。明先生在飞机上表现得非常焦虑，一再请求无论如何都要帮助他。

　　小李在了解情况后，立即告知当日值班经理，并向地服调度席位询问广州场站代表联系方式和广州机场失物招领处电话。可是广州场站反馈登机口附近未发现遗留物品，广州失物招领处也回复目前没有接收到这样的物品。

　　小李安慰明先生，并留下了他的联系方式，向他保证一定会跟他保持联系，有消息后会第一时间告诉他，同时还表示如果明先生有其他需要帮助的也可以跟她讲，她会竭尽所能。

　　感受到小李的真诚和热情，明先生非常感动。

　　送走明先生后，小李一直想方设法地联系广州机场。功夫不负有心人，第二天，机场失物招领处找到了明先生的物品，小李第一时间将好消息告知明先生，并积极联系广州场站代表和广州机场，在大家的配合下，明先生的包完好地寄到了明先生的住处。

　　故事到这里似乎就结束了，然而，3个月以后，再次来出差的明先生却专程将一面锦旗送到了小李手中。明先生说："真的太感谢您了，要是没有您的真诚、热心和不放弃，没有航空各位人员的积极配合和主动工作，我的东西不可能被找回来。我要为你们热情、负责的服务态度点赞，以后乘坐飞机我会首选你们航空！"

寻礼之问

1. 这个案例中，哪些行为属于航空服务人员提供的工作职责规定以外的服务？

2. 案例中小李是怎样主动提供服务的？

意识是深层次启发人们行为的推动力，有良好的意识，服务就会主动、热情、体贴、超前。民航服务是高层次服务，关键在于服务过程中的用心投入。如何树立正确的服务意识，需要我们做如下思考。

（一）树立正确的职业意识

职业意识是职业人所具有的意识，它是指一个人进入该岗位后，按照岗位要求，履行和完成岗位所赋予的全部工作，实现个人的社会价值的一种意识。职业意识是职业道德、职业操守、职业行为等职业要素的总和。

·触礼旁通·

心理学上有个著名的"罗森塔尔效应"。1968年，美国心理学家罗森塔尔和雅各布森来到一所小学进行了7项实验。他们从1至6年级各选了3个班，对这18个班的学生进行了"未来发展趋势测验"。之后，罗森塔尔以赞许的口吻将一份"最有发展前途者"的名单交给了校长和相关教师，并叮嘱他们务必要保密，以免影响实验的正确性。其实，罗森塔尔名单上的学生是随便挑选出来的。8个月后，罗森塔尔和助手们对那18个班级的学生进行复试，结果让人意外，因为凡是名单上的学生，每一个人的成绩都有较大的进步，而且性格活泼开朗，自信心强，求知欲旺盛，更乐于和别人打交道。

正是教师对学生的期待与认同，才使学生产生了一种努力改变自我、完善自我的进步动力。这种企盼美好愿望变成现实的心理，属于"罗森塔尔效应"的一种表现，这种效应也被称为"期待效应"。

同理，只有喜欢并热爱民航服务工作，充分了解民航服务工作的价值和意义，并发自内心地接纳和认同服务对象，认同服务的内容，认可自己的工作，才会树立对职业的正确认知和清晰规划，才有可能做好服务工作，这也是真情服务的前提。

寻礼之问

在民航服务中，如何才能产生"期待效应"？你可以从哪些方面培养自己的职业意识呢？

（二）提升"利他"意识

具有较高服务意识的人，能够把实现自己的利益建立在服务他人、服务集体的基础之上，能够把利己和利他行为有机协调起来，常常表现出以他人为中心，更加重视他人。只有首先以他人为中心、重视他人、服务他人，才能体现出自己的价值，才能得到别人对自己的回馈或者自己内心的满足。因此，服务意识也是"利他"的意识，提高服务意识可以从提高"利他"意识入手。具体体现在以下四个方面。

一是充分理解旅客的需求。对旅客提出的超越民航服务范围，但又是正当的需求给予充分的理解。比如，如果旅客的体验不太好，我们可以考虑一下是不是我们的服务产品在设计上并不完美，或者没有满足旅客的需求。我们不要随意将旅客提出超出服务范围的需求当成旅客的刁难，并形成对立心态。只有这样，我们才能站在"利他"的角度尽量满足旅客提出的要求。如果确实难以满足，需向旅客表示歉意，取得旅客的理解与谅解，而不是采取直接否定的方式。

二是充分理解旅客的想法和心态。有时候我们会遇到旅客因为自身情绪或状态不佳而迁怒于民航的情况。我们必须本着"情绪安抚"的基本原则，对这类旅客给予一定的理解，并通过自己的真诚和更多的耐心、更细致的关心去感化旅客。

三是充分理解不同旅客。由于认知、文化、知识、受教育程度等差异，部分旅客对民航的相应规章制度或服务规范不甚理解，从而提出种种意见，甚至会拒绝配合相关工作。这个时候，服务人员应本着一视同仁的态度，向旅客做出耐心且真诚的解释，给予旅客满意的答复。

四是充分理解旅客的过错。由于内部或外部原因，有些旅客故意找碴，或强人所难。在不违背民航制度及法律的前提下，服务人员不应与其进行无谓的争论。

（三）提供超越旅客期待、暖心的服务

海南航空从在航班经济舱推出现烤面包服务，到在公务舱提供铺床服务、执行"禁塑"航线，再到推出"宠物客舱运输"服务……很多个创举都推动了中国航司的服务不断发展，也让中国旅客越来越愿意选择民族航司品牌，让世界旅客越来越愿意选择中国航司品牌。

中国各民航企业在持续秉承中国民航"真情服务"理念的同时，从旅客需求出发，不断升级产品及服务，提供超越旅客期待的服务，给大家创造更加优质的乘机体验。目前我国民航企业正在朝"安全第一、服务第一、利润第一"而努力，民航的服务也在不断努力提升，并为成为世界级航空企业而努力。

· 触礼旁通 ·

"这张照片对于我来说太珍贵了！谢谢，谢谢你，姑娘"

当代表永恒爱情的玫瑰花经由久经岁月沧桑的双手递到对面那双手上时，一生挚爱的两位老人紧紧相拥，万米高空上的所有人共同见证了这场感人的爱情故事。

2019年5月21日，航空乘务长吴某和她的组员们在万米高空的客舱内，将99朵玫瑰花送到了一对对情侣或者爱人手中，喝彩声和祝福声此起彼伏。这时，一位老先生轻轻问吴某："也能给我一枝花吗？我想把它送给老伴。"原来，老先生是一名退役军人，结婚35年来，他一直驻守在部队，和妻子聚少离多。虽然他为了祖国做出了很大的贡献，但对于家庭，对妻子更多的是亏欠，甚至从没说过"我爱你"。当老奶奶有些羞涩地接过鲜花后，吴某不经意看到了她眼角隐隐闪烁着幸福的泪光。为了不错过这一瞬间的美好，吴某用手机拍下了这感人的一幕。老爷爷看着照片一直说："这张照片对于我来说太珍贵了！谢谢，谢谢你，姑娘。"

寻礼之问

> 1. 乘务长吴某对老爷爷提供了什么价值的服务？
> 2. 读完案例你有何感悟？对乘务员这一工作多了哪些认识？

正确的服务意识就是要求我们把服务他人当成心爱的事业，把旅客当成"心爱的人"，同时做到眼到、口到、心到，为旅客提供真诚、体贴、有温度、舒心的服务，最后实现价值双赢；用心、用情、用脑、用智慧和经验，最终提供"极致的服务"。

寻礼之问

> 怎样理解民航服务过程中的眼到、口到、心到？

· 思政园地 ·

> 民航服务人员是国家对外的窗口，民航人必须树立正确且优质的服务意识。为乘坐飞机的旅客提供满意服务是民航整体服务质量的重要部分，同时在服务过程中要展现中华民族的优秀礼仪文化，展现中华儿女个人优秀素养、品德，展示民族自信，展现地域特色与国家形象。同时，民航专业的学生必须知道，保证旅客良好的乘机体验是每一位民航人的责任和使命，只有展示出民航人勇于担当的精神和工匠精神，才能肩负起社会、国家的使命。

· 项目自测 ·

1. 以下哪项不属于民航服务的行业特征?(   )(单选题)

A. 经济性   B. 功能性   C. 文明性   D. 随机性

2. 以下哪项不属于民航服务的通用标准?(   )(单选题)

A. 具有"我为人人,人人为我"的大局意识

B. 具有主随客便的变通意识

C. 具有旅客至上、服务第一的规则意识

D. 具有以顾客为中心的服务意识

3. 从旅客的角度看,旅客花上比坐汽车、火车高许多的钱坐飞机出行的目的,主要在于(   )。(单选题)

A. 安全   B. 快捷省时

C. 有人提供专门服务   D. 舒适

4. 服务意识也是"利他"的意识,提高服务意识可以从提高"利他"意识入手。具体体现在以下几个方面?(   )(多选题)

A. 充分理解旅客的过错

B. 充分理解旅客的需求

C. 充分理解旅客的想法和心态

D. 充分理解不同旅客

5. 请简要说出民航服务的行业特征。

6. 请根据所学知识分析民航服务的现状及服务质量问题产生的原因。

项目三 民航人员应具备的能力

■ 项目描述 ■

　　李丽和同学们坚定了做好民航服务工作的决心，也树立了成为一名优秀民航员工的理想。随着民航事业的不断发展，面对旅客越来越高的服务要求，民航员工需要用自己灵活多变的能力和技巧来服务旅客。那么究竟需要具备哪些能力呢？请学习者通过本项目的学习，了解民航员工的概念，了解民航员工的岗位职责，掌握民航员工应具备的通用能力，从而能够在实际工作中灵活多变，运用各项能力解决实际问题。

■ 礼在身边 ■

细腻的心，贴心的服务

　　从上海到广州的航班上，乘务员小李发现头等舱的一名旅客在上机时身体微微发颤，面色微红，小李立即向他询问情况。

　　当得知旅客是因为登机前和商业伙伴喝了酒感觉有点头晕后，小李马上给他倒了一杯温水，又冲泡了一杯葡萄糖水给旅客喝下。在交流中知道这位旅客没有吃饭，小李立刻将本该航班平飞后发放的点心提前给了他，让他的肠胃舒服点。

　　飞机平飞后，小李细心为他放平座椅、垫上枕头、盖好毛毯，让他安心休息。在近2小时的飞行中，小李每隔十分钟都会去查看这位旅客的情况。

　　飞机降落后，旅客连连说："你的服务我看在眼里，辛苦你了，你们的敬业精神值得赞扬！希望下次有机会再次乘坐你们的航班，感谢！"

寻礼之问

　　1. 此案例中小李具备哪些职业素养能力？

　　2. 案例中的旅客为何会感谢小李？

任务 1 民航员工工作职责认知

任务目标：

1. 了解民用航空人员的概念。

2. 了解民用航空人员的岗位职责。

一、民用航空人员的概念

根据《中华人民共和国民用航空法》第三十九条规定，民用航空人员是指从事民用航空活动的空勤人员和地面人员。空勤人员，包括驾驶员、飞行机械人员、乘务员；地面人员，包括民用航空器维修人员、空中交通管制员、飞行签派员、航空电台通信员。无论是负责在舱内提供服务的空勤人员还是负责为旅客提供地面服务，在飞机起飞前确保飞行安全，为飞行提供必不可少的飞行前准备的地面人员，都是为旅客的舒适出行、安全出行服务的。

二、民用航空人员的岗位职责

民用航空人员有不同的岗位种类，岗位职责也有所不同。以下是对部分民用航空人员岗位种类及具体工作职责的阐述。

（一）飞行员

工作地点：驾驶舱。

工作职责：驾驶飞机，将机上旅客安全送达目的地。

他们持有执照，担任的主要职务是操纵飞行期间的航空器（见图 1-3-1）。其中，驾驶员（机长）职责主要是领导机组的一切活动，对航空器和航空器所载人员及财产的安全、航班正常、服务质量和完成任务负责。机组全体成员必须服从机长命令，听从机长指挥。领航员的主要职责是配合机场完成正常飞行、观察飞行航线、确保飞行高度等导航工作。

图 1-3-1 飞行员

（二）乘务员

工作地点：客舱。

工作职责：在飞行途中为旅客提供安全舒适的服务，并且承担在紧急情况下的旅客安全撤离工作(见图1-3-2)。

图1-3-2　空中乘务员

乘务员的主要职责是为旅客提供热情优质的服务，确保旅客出行舒适及安全，并及时处理旅途中的各种突发事件。

(三)飞机安全员

工作地点：客舱。

工作职责：处理客机机舱内的安全事务。目前还有少数航司存在安全员兼乘务员，此类员工除在飞机上负责客机机舱安全事务外，还需承担乘务员对旅客的服务工作(见图1-3-3)。

安全员的职责是保卫机上人员与飞机的安全，处置机上非法干扰及扰乱性事件，部分兼职安全员还要承担客舱服务工作。航空安全员必须在机长的领导下进行工作，安全员也许还会以普通旅客的身份出现。乘警是飞机上的治安保卫者，肩负着预防和打击犯罪，维护飞行治安秩序，保障旅客生命财产安全的神圣职责。

图1-3-3　飞机安全员

(四)航空机务员

工作地点：机坪、机舱。

工作职责：对飞机进行检查、维护和修理，排除飞机存在的安全隐患(见图1-3-4)。

民用航空维修人员负责飞机的维修工作，按照维修单及时做好诊断与维修；按飞机设备保养手册和设备说明书制订保养计划建议，并按计划实施保养工作；根据库存情况提交备件采购申购表，负责备件的验收与急购备件的提交；做好日常设备的巡视检查工作，及时发现问题，处理隐患；做好预防性保养、维护工作，减少本区域因停机工时及设备原因造成的材料报废量。

图 1-3-4　航空机务员

（五）签派员

工作地点：机场运行指挥中心。

工作职责：制订和申请飞行计划，对航班进行放行并持续监控航班执行情况。

签派员是一个航空公司不可或缺的人员。他们的主要工作是搜集飞行信息、制订并申请飞行计划，与机长共同放行每个航班；根据情况推迟、调配甚至取消航班。每一航班都需要签派员签字放行，签派员还要提供给飞行机组相应的飞行计划、天气实况和预报、航行通报，并对其正确性负责、对放行的航班负责，保证公司各类飞行任务按计划完成。

（六）机场安检员

工作地点：航站楼的安检口

工作职责：对乘坐民用航空器的旅客及其行李、进入机场控制区的其他人员及其物品，以及空运货物、邮件实施安全检查，确保航空安全（见图1-3-5）。

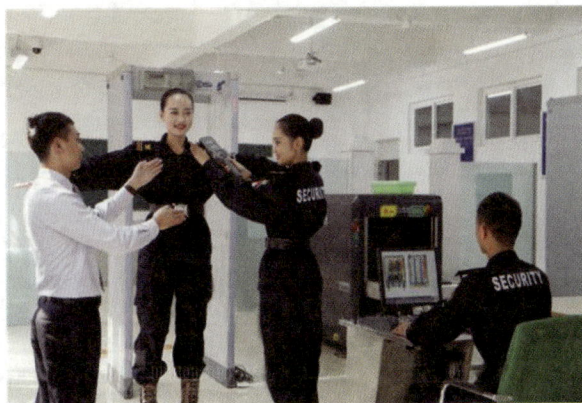

图 1-3-5　机场安检员

根据工作区域不同，机场安检员的主要职责如下。

（1）航站楼内安检员主要负责机场出港旅客的人身安全检查业务，随身行李、交运行李的安全检查业务以及航站楼内出入隔离区、控制区的工作人员的安全检查任务。

（2）外围道口安检员主要负责进入机场飞行区外围通道工作人员、车辆及进入隔离区的各项物品的安全检查业务。

（3）货邮安检员主要负责从机场货物、邮件及货运区域道口进入的人员、车辆、物品的安全检查业务。

（4）特检业务安检员主要负责机场乘坐专（包）机的旅客、相关保障人员、进入专（包）机楼的相关迎送人员、工作人员、记者等的安全检查业务。

（七）值机员

工作地点：航站楼的值机柜台。

工作职责：在航空公司中根据计算机 CKI 系统设置的或载重平衡员提供的客舱座位分布方案，安排旅客座位，发放登机牌（见图 1-3-6）。

机场值机员主要负责地面旅客运输的国内值机保障，为旅客办理登机牌、行李托运，以及收取逾重行李费等，并回答旅客值机询问，为出港航班的正常运行提供有效保障。日常工作主要有以下方面。

（1）服务形象、仪容仪表、文明用语等符合地面服务人员行为规范，积极、主动为旅客提供服务，对旅客态度友好。

（2）做好岗前准备工作，严格遵守上岗时间。

（3）做好旅客值机保障工作。

（4）严格按照地面服务手册要求接收特殊旅客、特殊行李。

（5）根据岗位职责要求处理各类不正常或突发事件。

图 1-3-6 值机员

（八）地勤员

工作地点：航站楼的登机口。

工作职责：在航空公司、机场等相关机构为旅客提供各种服务，如解答问询，广播，发布航班信息，接听旅客投诉电话，提供值机服务、安检服务、联检服务、引导服务、行李服务、候机楼商业服务等（见图1-3-7）。

（1）机场柜台服务：为旅客办理报到、证件检查、行李过磅、座位分配及出票（即为旅客更换登机牌）。

（2）引导服务：在候机室内引导旅客通关候机，协助旅客登机，并进行广播服务。

（3）提醒服务：提醒旅客登机及提供贵宾服务，或广播寻找已到却未登机的旅客。

（4）餐饮与失物处理：与空中厨房联系餐点，处理失物寻查，以及处理旅客申诉。

（5）销售与市场：负责产品的市场渠道开拓与销售工作，执行并完成公司产品年度销售计划，根据市场营销战略提升销售价值，控制成本，增加产品在所负责区域的销售，积极完成销售，扩大市场占有率。

（6）与客户沟通：与客户保持良好沟通，实时把握客户需求，为客户提供主动、热情、满意、周到的服务。

图 1-3-7　地勤员

总而言之，每架飞机的起落都与各个部门、各个岗位的工作职责密不可分，只有每个岗位的工作人员尽心尽力，才能保证飞机和乘客们的安全。每一名民航员工需认清职责，找准定位，用心服务，创造价值。

寻礼之问

作为一名民航服务人员，应该具备哪些素养能力呢？

任务 2 民航员工基本能力认知

任务目标：

1. 了解民用航空人员应具备的通用能力。

2. 理解各项能力对专业和岗位的支撑性。

3. 能够在实际工作中灵活多变，运用各项能力解决实际问题。

以空中乘务员为例，民用航空人员应具备的能力应包含以下几大类。

一、亲和力

空中乘务员的工作不仅是简单的端茶递水，而是一项需要"眼观六路，耳听八方"的全方位工作，所以，满足旅客的需求和为旅客带来良好的乘机体验是乘务员的首要任务。旅客良好的回馈又首先源于空乘人员良好的亲和力，这就要求乘务员需具备此项基本能力。在服务旅客时，乘务员从内心到外在都应传递友善信息，使旅客产生愉悦、开心、舒适、温馨、信任的心理感受，从而建立乘务员与旅客之间的友好、和睦的关系。

·触礼旁通·

微笑 1 小时

微笑一下很简单，微笑 1 小时却不容易。在新加坡的空姐选拔中，第一关面试为 1 小时的中英文交流，其中，在 1 小时中能否一直保持着优美的微笑是重要的考核指标。

在第一关的考核中，12 名学员中仅有 6 名闯过"保持 1 小时微笑"难关。

寻礼之问

1. 新加坡航空为什么要把微笑作为重要的选拔标准？

2. 在生活中保持微笑对你有什么益处？

亲和力是人际交往中尤其重要的一项基本素养能力，它源于人与人之间彼此的认同与尊重。乘务员与旅客初次谋面，乘务员需消除彼此之间的距离感、生疏感，构架起良性沟通的桥梁，使旅客产生信任感。我们可通过学习、交友、阅读等方式提升自我文化修养，养成仪态优雅、谈吐大方的气质。从外在表现来看，体现良好亲和力的最好的方法就是微笑(见图 1-3-8)。

图 1-3-8 亲和力——微笑

微笑是世间最美的语言，是人际交往的通行证。微笑是自信的象征，微笑是礼貌的表示，微笑是友好的反映，微笑是积极心态的呈现。真诚的微笑是最美的，也最能拉近彼此之间的距离，同时微笑也是民航服务人员体现亲和力的有力保障。如今每年航空界都会举办"最具亲和力乘务员"选拔活动，这期间涌现出一大批航空公司的代表人物。比如新加坡航空公司，他们的乘务员虽然身高不一，样貌也并非全都十分姣好，甚至部分乘务员讲的还不是标准的英语，但是他们在客舱服务过程中始终面带微笑，自信认真地聆听乘客的需求，给予乘客"宾至如归"的身心体验，因此，新加坡航空公司的乘务员也成了最具亲和力乘务员的典型代表。

二、观察能力

· 触礼旁通 ·

一张小纸条写满温暖！

在从北京至昆明的航班中，乘客小周坐在了靠窗位置，她对此次前往昆明的旅途充满期待，却没想到途中遇到了不愉快。

小周的旁边坐着一位穿着貂皮大衣的老人，不知是身体不便还是其他原因，在乘坐飞机过程中，大部分时间都靠在小周身上睡觉。小周多次试图用力推开他，却根本推不动。看到老人年纪大，小周不好与他争执，但因被挤得难受，又没法直接向乘务员请求帮助，所以小周的内心非常焦灼。

细心的乘务员在平飞巡航时，发现了小周的不安。她匆匆拿起纸笔，写下一段暖心的话递给她："女士，您好！爷爷年纪大了，是否给您造成了不便？需要为您换座位吗？"

小周瞬间感觉到救星出现了，感动地向空姐点了点头。空姐把她带到了机舱后面的空位。事后小周在社交平台上对这名空乘人员表示了感谢。

1. 此案例体现了乘务员的什么素养能力？

2. 使旅客小周感动的原因是什么？从案例中你学到了什么？

事例中乘客之所以感到暖心，是因为乘务员具有敏锐的观察能力，对旅客的需求给予了细致关注。通常旅客有需求会向乘务员直接反映，乘务员都会尽量去满足。而如果是乘务员通过自己的细心观察，第一时间发现旅客的需求，并为其主动地提供服务，那旅客会感到更加温暖。乘务员不仅需要具备良好的服务意识，还需要掌握良好的素养能力，懂得判断旅客的需要。航空服务人员的观察能力是指服务人员通过观察航空旅客外部表现去了解其内心的一种能力。如今，飞机已经成为中长途旅客出行的首选交通工具，飞行旅途中会出现各种未知情况，因此民用航空人员需提高自身的观察能力。

民航服务人员要善于从旅客的言行举止、表情眼神中抓取细节进行辨别、分析、判断，及时提供服务，并且也要特别照顾老弱病残孕等特殊乘客，提供力所能及的帮助与服务。闲暇时间可以学习相关心理学知识，不断提高自我的观察能力、判断能力和辨别能力。

三、注意能力

·触礼旁通·

注意能力——空乘人员的服务片段

飞机飞行5分钟之后，内场乘务员开始广播，外场乘务员开始供应餐食，然后再送一遍饮料，这时，差不多就可以收餐盘了(见图1-3-9)。

图 1-3-9　客舱餐饮服务

当这些服务都结束后，乘务员就该拿着托盘巡视客舱了。看看旅客是不是还有别的需要，是不是还要饮料，帮睡觉的旅客关掉阅读灯和通风口，为他们盖上小毛毯、递上枕头，看看客舱里还有什么垃圾，随时注意清除。还要注意观察旅客有什么问题，且最好在他们向你提出要求之前就能够帮他们解决问题……飞机下降了，又该进行安全检查了，提醒旅客系好安全带，调直座椅靠背，收起小桌板，打开遮阳板，看看行李架是否扣好，紧急出口和通道是否有行李摆放。直到这个时候，乘务员才有时间坐在自己的座位上休息一会儿。

寻礼之问

　　1. 除了基础的服务流程，想让旅客有更舒心的服务体验还需要空乘人员具有什么能力？

　　2. 该案例给你什么样的启示？

注意力是个人对一定对象的指向与集中。提高注意力可以使我们清晰地看到事物的本真状态，提高个人认识活动的效果，也是我们顺利完成各种活动的重要条件。

民航服务人员的注意能力是指在工作过程中，把心理活动定向集中在旅客身上的能力。民航服务人员在服务时要将个人注意力范围扩大。例如，乘务员在为航空旅客送饮料时，不仅要注意餐车上各物品的摆放，餐车在舱内的走势，还要避免把饮料洒到旅客身上等。要提高注意力，首先需明确服务以及自身工作的意义，提高对本职工作的兴趣，并且将生活中的事件与工作做好区分，注意排除各种干扰，提高工作时的专注度及认真度。

四、倾听能力

·触礼旁通·

做一名真正的倾听者

　　一架国际航班抵达成都后，有位旅客的行李出现破损。按照行规，对于此类国际航班行李事故一般是不予赔偿的，值机员小吴便向旅客细致地解释并致以歉意。但这位旅客的情绪却异常激动，阐述了此次行程中发生的所有让人不愉快的事件，并将负面情绪一并发泄出来。面对旅客劈头盖脸的发泄和数落，小吴只做了一件事，那就是认真地"倾听"——直到旅客从他的眼神中读到了真诚和共情。当旅客的情绪逐渐平息下来后，小

吴把握时机再次委婉地向对方说明了机场事故处理的流程，并承诺会立即与航空公司代表联系。

当航空公司按照常规给出不予赔偿意见后，小吴一边委婉地向乘客转达，一边不懈地向航空公司争取。终于，小吴急旅客之所急、想旅客之所想的服务感动了航空公司，航空公司最终决定给予补偿。

当小吴将此消息告诉旅客后，赢得了旅客的赞许和感谢。

寻礼之问

您从此事例中看到小吴的什么职业素养能力？给您带来了什么启发？

人在内心深处渴望得到别人的尊重和认可，期盼被人倾听。学会倾听是每个民航服务人员的责任与追求。民航服务人员在工作中，不仅要学会表达，还要会倾听，倾听旅客的诉求，倾听旅客的情绪，倾听旅客的意愿。

著名社会学家卡耐基说过："一双灵巧的耳朵，胜过十张能说会道的嘴巴。"有效的倾听可以帮助服务人员真实地了解旅客，获得有效信息，以便开展相应工作，并且使对方感到被尊重和被欣赏，达到两全其美的效果。

触礼旁通

民航服务人员的倾听能力

民航服务人员的倾听能力是指在航空服务过程中投入自己的直觉、态度和感情到"听"的活动中，从而完整地接受服务对象传递的信息的能力。积极的倾听可以帮助自己获得大量有用的信息，增长智慧。同时在为旅客服务的过程中，可以减少与旅客之间的误会，与对方建立融洽的关系。在倾听的同时，乘务员要注意用目光注视旅客，眼神上的交流可以让旅客体会到尊重和重视，同时恰当地利用面部表情，如微笑、扬眉、点头等表情动作丰富彼此的交流，形成与旅客间的良性交流。当旅客主动提出意见时，乘务员应在积极倾听的同时，使用适当的话语鼓励对方继续表达，如"嗯""对，是的"等。并且以一种开放性的姿态去接触旅客，如身体微微前倾。我们可以从以下几个方面出发，做到有效倾听：不随意打断旅客的话，倾听时要注意对方话语的语气语调；在倾听过程中适时给予回馈，如重复对方话语，表明你在认真倾听；抓住对方话语中的重点内容并且努力理解旅客说话内容的真正内涵。

五、沟通能力

· 触礼旁通 ·

沟通不到位造成的航班延误

一个老干部旅行团上了飞机。其中一位老人看到自己座位上方的行李架上放满了东西（机载应急设备），就将这些应急设备取下，放在地板上，将自己的行李放在该位置上。乘务员发现后，未调查设备移动的原因就直接报告给乘务长，且报告内容过于简单，造成乘务长判断失误，以为情况失控，于是通知地面处理。最后，该旅行团导游被带下飞机，造成航班延误 52 分钟。

寻礼之问

1. 该案例中哪些地方的沟通还需改进？
2. 结合当时的情况，你觉得应该怎样进行有效的沟通？

沟通能力是指一个人和他人有效地沟通信息的能力。沟通不在于说得多流利，而在于是否善于表达真诚。真诚的语言对说话者和听者都很重要。

语气亲切、语调柔和、措辞委婉、说理自然，这样的语言能够使人感到愉悦亲切，有较强的说服力；相反，服务语言不好听、生硬、刺耳，旅客难以接受，轻则影响旅客出行的愉快体验，重则引起旅客的不满和对航司的投诉，严重影响航空公司的声誉。因此，良好的沟通能力是一名合格的航空服务人员必备的基础素养。

良好的沟通能力是对民航服务人员基本素养的要求，流利的普通话、一门或多门的外语，都有助于民航服务人员与不同国家的旅客交流沟通。另外，掌握服务语言的分类以及规避不恰当的服务语言也是民航服务人员的"沟通必修课"。

六、应急处理能力

· 触礼旁通 ·

川航惊魂始末 机长刘传健还原细节

9800 米，9400 米，7200 米，飞机下降得很快。3U8633 航班的 9 名机组人员和 119 名乘客，经历了生死一刻。2018 年 5 月 14 日上午，由四川航空股份有限公司承运的 3U8633 航班由重庆飞往拉萨。途中，飞机驾驶舱右座风挡玻璃破碎脱落。在两分钟内飞机急降 2200 米，且在缺氧、低温、强气流的条件下，机长刘传健驾驶飞机于 7 时

42 分成功备降成都双流机场。刘传健救了自己，也救了机组同事和上百名乘客。尽管他一再解释这是他的本职工作，但仍有不少人将其称为"英雄"。

那天航班乘务长毕楠，乘务员张秋奕、周彦雯、黄婷、杨婷一如往常引导乘客就座、放行李，给乘客拿毛毯，并做起飞前的安全检查。驾驶舱内，46 岁的机长刘传健和副驾驶徐瑞辰也在做着起飞前的最后准备。刘传健毕业于空军第二飞行学院，在成为川航飞行员之前，他在母校担任教员。重庆至拉萨这条线，他飞了不下百次。飞机在晚点 21 分钟后顺利起飞。

大约半小时后，飞机爬升至 9800 米的巡航高度。"可能是过高原的缘故，飞机颠簸比较频繁，除此之外，一切正常。"乘客周某回忆说，7 时左右，空姐分发早餐。这时，周某听到机舱前方传来一声巨响，紧接着，飞机开始剧烈颠簸，"感觉人瞬间往下掉"。

但很快，客舱内的指示灯和照明灯就熄灭了，氧气面罩也弹了出来。空姐一边提醒乘客系好安全带、戴上氧气面罩，一边在空位上坐下。

刘传健回忆，他和徐瑞辰先是听到"砰"的声音，随后发现玻璃上出现裂纹。刘传健用手摸了摸玻璃，随后向空管部门汇报，要求返航落地。"刚说完一秒钟（玻璃就碎了），一瞬间不知道什么情况，（我）睁开眼，看见我的副驾一半身体在外面了，我试图伸手去拉，拉不到。"意识到危险的刘传健赶紧通过飞机应答机应急装置（7700）向空管部门宣布紧急状态。此时，飞机在急速下坠。西部战区空军作战指挥控制中心监控到了这一险情。据微信公众号"空军发布"报道，值班参谋关健克介绍，他们于 7 时 08 分发现偏航，7 时 10 分发现了机械故障代码告警。刘传健发出机械故障代码告警后，飞机飞行高度从 9400 米急速下降。

7 时 12 分，雷达显示飞机左转下降高度至海拔 7200 米。7 时 15 分，指控中心接到通报：3U8633 航班风挡玻璃脱落，需紧急备降成都双流机场。脱险驾驶舱右座前风挡玻璃突然破裂并脱落，造成飞机客舱严重失压，整架飞机处于紧急危险状态。

刘传健回忆，飞机当时的速度大约为 800km/h，强气流灌进驾驶舱，吹得他的脸严重变形。除此之外，身着短袖的他还要"对抗"－40℃左右的低温。幸运的是，刘传健并未失去对飞机的控制。"握住操纵杆的那一刻，我就有信心让飞机安全落地。"对于刘传健来说，下降的过程是非常痛苦的：如果下降过程太快，驾驶员身体受到的冲击会很大；如果下降的速度慢了，就意味着在高寒缺氧的环境下待的时间更长。最后，刘传健折中选取了合适的下降速度，以保证包括他在内的机组成员的安全，进而保证 119 名旅客的安全。

　　到了后半段，部分"从鬼门关走了一遭"的旅客开始表现出"后遗症"。周建强看到，有旅客开始呕吐，有旅客放声大哭。7 时 42 分，飞机顺利备降双流机场。成都市第一人民医院 5 月 15 日通报称，入院的 29 名人员包括 2 名机组人员、27 名旅客，其中男性 22 人、女性 7 人，年龄最大 54 岁，最小 18 岁。27 名旅客经 CT、胸片、血气分析等初步检查后，目前情况平稳，其中 2 名旅客经留院观察治疗后情况好转，已安排离院。

> **寻礼之问**
>
> 　　1. 刘传建机长在处置该事件中，展现了他的哪些能力？
>
> 　　2. 如果你是该航班的一名乘务员，在平时的培训中你需要积累哪些方面的素养来完善自己处理紧急情况的能力呢？

　　乘务员会服务不计其数的旅客。除了多数行动自如的普通旅客，还包括一些特殊旅客。在航班飞行过程中，他们还会遇到各类紧急情况。

视频：川航紧急撤离

（一）应急处理能力的培养需要强大的心理素质做支撑

　　在出现紧急情况时，乘务员应能够沉着冷静地分析事情的情况以及发展的动向，并且能够根据实际情况判定最优解决方案并迅速采取行动。乘务员具备良好的心理素质不仅能够起到安抚旅客情绪的作用，而且也是让旅客配合做好撤离工作的重要条件。要想在紧急情况出现的时刻能够临危不惧、沉着冷静，这一半取决于乘务员个人的天性，另一半取决于后天的培训。

（二）应急处理能力的培养需要坚实的专业知识做后盾

· 触礼旁通 ·

法航紧急撤离事件

　　2005 年 8 月，法航某空客飞机的 309 名旅客与机组成员上演了"教科书式撤离"，两分钟内机上全部人员成功逃离当时已燃起熊熊大火的飞机，这次逃生经历成了紧急逃生的典范。当时，飞机左侧被雷电击中，飞机内外马上被黑烟笼罩，所有的电灯都熄灭了。据当时的旅客说，周围一片黑暗，紧急氧气面罩降下来。该飞机在暴风雨中滑出跑道 183 米后，终于停住。机上的 12 位机组人员非常镇静，反应也相当快捷。机长在驾驶舱中，不断地告诉所有乘客保持平静，听从指挥。其他机组人员快速地从座椅上起身，迅

速打开飞机侧面的救生门，放下滑梯，一边逐个帮助旅客撤离，一边不断地安慰每个人，使整个疏散工作平稳进行。

旅客们在他们的指挥下，没有慌乱，依次先离开座椅，再滑下滑梯。最后，乘务员和驾驶员做了完全的检查，证明所有旅客都安全撤离，没有任何遗漏，方才离开飞机。地面急救人员配合得也非常及时。飞机起火后不到一分钟，机场救护车就赶到了飞机附近。他们将受伤者送往医院，并向大雨中的旅客们提供了保暖的毯子。值勤的警察们还将跑散的旅客集中到安全地点。整项工作有条不紊地进行着。

法航事件证明了一点，旅客之所以能够顺利逃离机舱的一个原因是乘务员教给旅客在紧急情况下离开飞机的正确方法。

乘务员应在岗前培训中认真踏实学习，熟悉各类型航空器内舱的结构设计，特别是各类紧急设备、安全出口的位置，熟练掌握紧急舱门的开启与操作；日常培训中多参与各类演习，掌握紧急情况下的撤离程序，熟练掌握灭火器、氧气面罩、救生衣、救生船的使用方法。在飞行中一旦发生了不可预测的紧急情况，乘务员务必用熟练的操作，为旅客的安全撤离争取宝贵的时间。在客舱服务过程中将安全措施真正落实到每一个旅客身上。比如，在做安全演示时，除了让旅客观看演示程序，还要确保旅客能看懂实际操作。这就需要乘务员在做安全演示时运用各种肢体语言，以丰富的面部表情与各种动作引起每一位旅客的注意。航班起飞前的安全广播与演示看似只是教给旅客一些简单的安全知识，但在紧急情况发生、需要撤离时将起到积极作用。

（三）应急处理能力的培养需要灵活的组织能力做服务

在航班飞行过程中，紧急情况存在突发的特性。在紧急情况发生时，有些旅客由于没有经历过以及心中的焦虑、紧张、害怕，不一定听从乘务员的指令，这时乘务员必须及时转变角色，由服务角色转变成现场的指挥者。在角色转变的过程中，乘务员的组织能力就起着非常重要的作用。因为这一关键时刻，乘务员是组织旅客撤离的实施者，是保证旅客安全的卫士。所以，乘务员必须具备很强的组织能力，不仅要组织好旅客、控制好旅客情绪，而且要维持客舱内的秩序，这是把伤亡率降到最低的关键所在。例如，某航空公司一架客机降落时由于飞机出现故障，冲出跑道撞上机场建筑物后发生爆炸。一名乘务员在飞机爆炸前，机敏地打开一处舱门，并果断有序地组织旅客迅速撤离现场，成功地救出了 20 多名旅客。

（四）应急处理能力的培养需要团队协作做保障

当紧急情况发生时，乘务员之间形成默契，团结起来，保持思想与行动的一致性是至关重要的。这集中表现在，在航班飞行过程中乘务员应明确各自负责的岗位和职责，在日常飞行中相互协作、相互配合，形成良好的默契，从而保证紧急情况出现时，乘务员组织撤离时不出现拥挤踩踏或者影响紧急情况处置的情况，从而提高撤离效率，保障旅客的安全。

· 触礼旁通 ·

团队精神

全美航空 1549 航班两台发动机被鸟击以后，在完全失去动力的情况下飞行员靠飘降成功迫降至哈德逊河面上，155 人全部生还。这虽然证明了机长拥有精湛驾驶技术，但不可否认的是，在迫降以后机舱内的疏散工作全部是由乘务员组织完成的，他们以极其专业的素养与团队精神，将全部旅客安全疏散。当时舱内共有三名乘务员，两名乘务员在客舱前部迅速引导旅客撤离，一名在客舱尾部努力引导旅客向机舱前部运动（因为飞机尾部在水中吃水很深，要是任何一个后门被打开，河水会很快进入舱内，飞机可能不会漂浮那么长时间）。在三名乘务员默契的配合下，155 名旅客全部生还，而且没有遭受重大伤害。

任务 3 民航员工基本能力实训

任务目标：

1. 通过训练培养亲和力。

2. 通过训练培养观察能力。

3. 通过训练培养倾听能力。

一、亲和力的训练

（一）对镜训练法

端坐镜前，衣装整洁，以轻松愉快的心情调整呼吸；静心 3 秒钟，开始微笑，双唇轻闭，嘴角微微翘起，面部肌肉舒展开来，同时注意眼神的配合，使眉目舒展，展现微笑面容。如此反复多次。为了使效果明显，可以放一段背景音乐，并根据音乐进行微笑操练习。

（二）含箸法

选用一根洁净、光滑的圆柱形筷子（不宜用一次性的简易木筷，以防拉破嘴唇），横放在嘴中，用牙轻轻咬住（含住），以观察微笑状态。

（三）口型对照法

通过一些相似性的发音口型，找到适合自己的最美的微笑状态，如"一""茄子""呵""哈"等。

图 1-3-10　亲和力的表现——自信的微笑

·触礼旁通·

亲和力测试

回答下列问题，答"是"得 1 分，答"否"不得分。如果测试总分多于 5 分，说明你的亲和力不足，在一些方面会令人讨厌，在日常交往中要注意改进。

(1) 匆忙地行走在路上，别人向你打招呼"你好啊!"，你会停下脚步同他聊聊吗?

(2) 与朋友交谈时，你是否总是以自己为中心?

(3) 聚会中不到人人疲倦，你不会告退。

(4) 不管别人有没有要求，你都会主动提出建议，告诉他应该怎么去做吗?

(5) 你讲的故事或逸事是否总是又长又复杂，别人需要耐心地去听?

(6) 当他人在融洽地交谈时，你是否会贸然地插话?

(7) 你是否会经常津津有味地与朋友谈起他们不认识的人?

(8) 当别人交谈时，你是否会打断他们?

(9) 你是否觉得自己讲故事给别人听，比别人讲给你听有意思?

(10) 你是否常提醒朋友要信守诺言，问他"你记得吗"或"你忘了吗"?

(11) 你是否坚持让朋友阅读你认为有趣的信息?

(12) 你是否打电话时说个没完，让其他人在一旁着急等待?

(13) 你是否经常发现朋友的短处，并要求他们去改进?

（14）当别人谈到你不喜欢的话题时，你是否就不说话了？

（15）对种种不如意的事情，你是否总是喜欢找人诉苦？

二、观察能力的训练

观察力考验——图片中共有几个人？

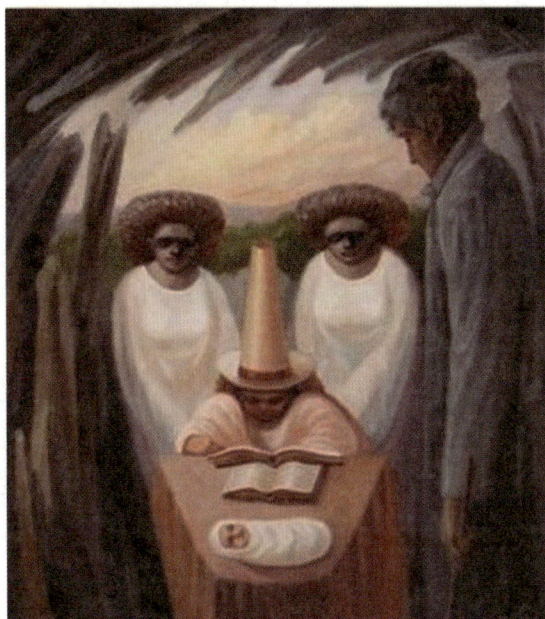

图 1-3-11　观察能力测试

·礼之实践·

观察能力训练实践——观察我的同桌

　　朝夕相处的同桌，为你的校园生活增添了一道色彩。你是否仔细观察过同桌呢？他的五官、他的姿态特点、他独特的小动作，以及他的优点缺点，你是否了解呢？请运用你的观察能力，将上述内容记录下来并做分享。

三、倾听能力的训练

·触礼旁通·

倾听能力测试

（1）我常常试图同时听几个人的交谈。

（2）喜欢别人只给我提供事实，我自己做出解释。

（3）有时假装自己在认真听别人说话。

（4）认为自己是非言语沟通方面的好手。

(5)常常在别人说话之前就知道他要说什么。

(6)如果不喜欢和某人交谈，常常用注意力不集中的方式结束谈话。

(7)常常用点头、皱眉等方式让说话人了解我对他说的内容的感觉。

(8)常常别人刚说完，我就谈自己的看法。

(9)别人说话的同时，我常常思考接下来我要说的内容。

(10)说话人的谈话风格常常影响我对谈话内容的兴趣。

(11)为了弄清对方所说的观点，我常采取提问的方式，而不进行猜测。

(12)为了理解对方的观点，我总会下狠功夫。

(13)常常听自己喜欢听的内容，而不是听别人表达的内容。

(14)当我和别人意见不一致时，大多数人认为我理解了他们的观点和想法。

(15)别人说话的同时，我也在评价他讲的内容。

测试结果：

题目 4、11、12、14 的答案为"是"，其余为"否"。将答错的题目个数加起来后乘 7，再用 105 减去这个数，就是最后得分。评判：91～105 之间，说明有良好的倾听习惯；77～90 之间，说明还有很大的进步空间。

· 礼之实践 ·

学会倾听和表达的拓展游戏

项目名称：雪花片片。

项目人数：不限。

项目时长：20 分钟。

项目场地：室内外皆可，为每人提供一张薄的 A4 大小的空白纸张。

活动目的：学习沟通与倾听。

项目规则：

1. 所有学员将眼睛闭上。发给每人一张白纸。

2. 依照训练员的指令做动作，动作如下：

　　(1)先将白纸对折然后再对折，将右上角撕下。

　　(2)再将纸对折一次，然后在右上角撕下一个边长 2cm 的正方形。

　　(3)再将纸对折一次，然后在右上角撕下一个半径 2cm 的扇形。

3. 完成动作后睁开眼，摊开纸看看是否相同。

4. 过程中学员如有发问需给予响应，但学员如保持沉默，则在学员完成每一个动作后继续下指令。

5. 也可采取不允许发问的方式进行第一次游戏活动，活动后进行讨论，然后再以同样方式再做一次，完成后睁开眼，摊开纸看看是否相同。

倾听能力任务实践——倾听他人的心声

你有多久没有和父母或朋友聊天了？这一次请做一个倾听者，而不是倾诉者，将你听到的内容做好记录，并给予对方适当反馈。

·项目自测·

1. 作为一名民用航空人员，应具备哪些基本能力呢？（　　）（多选题）

A. 良好的亲和能力　　　　　　　B. 细微的观察能力

C. 敏锐的注意能力　　　　　　　D. 主动的倾听能力

E. 有效的沟通能力　　　　　　　F. 应急处理能力

2. 民用航空人员在服务过程中应使用正确适当的用语。下列哪些服务用语是忌讳的？（　　）（多选题）

A. 对旅客使用不恰当的称呼

B. 对旅客使用不耐烦、推托、冷漠的语句

C. 对旅客提出的问题热情大方地回应，做到及时有效的沟通

D. 对旅客使用反问、责问、轻视的语句

E. 对旅客使用催促命令式的语句

3. 作为一名民用航空人员，当面对突发情况时应沉着冷静，同时也该具备哪些基本素养能力呢？（　　）（多选题）

A. 心理素质　　　　　　　　　　B. 坚实的专业知识

C. 组织能力　　　　　　　　　　D. 团队精神

4. 根据目前所学专业，请分析自己应该具备哪些素养能力。

模块二 民航服务人员职业形象塑造

项目一 民航服务人员职业形象

项目描述

　　民航人员职业形象是民航企业留给旅客的非常重要的第一印象。李丽发现每个航空公司的服饰都很有特点，而且民航服务人员的妆容和服饰搭配得相当和谐。李丽很想了解民航服饰的特点，希望自己也能拥有端庄得体的形象。本项目通过介绍服饰搭配的原则与技巧，以及中国民航空乘制服发展历史，帮助学习者建立对民航制服规范的初步印象，并通过介绍民航岗位中服饰的规范，帮助学习者了解职业制服在服务行业中的约束和引导作用，培养自我规范、爱岗敬业的职业责任感。

礼在身边

　　这一天，李丽和同学们在学校网站上看到下周三有一场航司招聘面试，面试要求如下：形象气质佳，女士化淡妆、着简易套裙，男士着商务衬衣和西裤，鞋袜、配饰与服装相配套，带上个人简历和资料……

寻礼之问

　　李丽决定通过服装搭配以及更多地了解航司的形象文化来为自己的面试加分。那么，李丽该怎样去了解航司服装文化？如何得体地搭配和修饰自己呢？

任务 1　了解民航制服

任务目标：

1. 了解民航制服的发展及作用。

2. 了解民航服务不同岗位制服的基本特点。

3. 了解民航乘务员的着装要求。

民航制服是职业形象的基本要素之一。统一的制服不仅能展现航空公司的风格，也能使旅客对乘务人员产生信赖感和安全感。航空公司的制服风格往往直接体现了一家企业的文化与服务水准。

一、民航制服的发展

民航的发展离不开各航空企业的文化建设，一个企业的长期发展和进步需要企业通过企业文化制定一系列的标准。这一过程中有个比较重要的板块，叫作企业形象识别系统（Corporate Identity System，CIS），它能将企业形象向公众进行展示与传播，使公众在标准化、差异化中形成对企业深刻的印象。

（一）中国民航安检制服的变化

改革开放 40 多年来，中国民航制服也随着时代的变迁而改变。从 20 世纪 80 年代到民航体制改革前，机场安检工作都是由武警边防部队承担的。那时的安检员是武警战士，他们身着浅绿色的上衣，穿带黄色裤边的军绿色裤子，肩头有醒目的深红色肩章。20 世纪 90 年代初，安检工作由部队移交民航。1992 年，民航体制改革，机场独立实行企业化运作。此时的安检服装的肩章、臂章脱胎于武警制服，款式与民航其他岗位的工作制服区别不大，大有民航"一家亲"的味道。随着民航安检的发展，各地根据气候特点和岗位需要，对制服的款式、材质及用料等进行了多次调整。新一代的制服（如图 2-1-1）以严谨专业的黑色为主调，融入持续安全理念，搭配裤装和皮靴，外观更加简洁利落，彰显出安全保障工作严谨、规范、踏实的特质。

图 2-1-1　安检制服

·触礼旁通·

让我们一起看看广州白云机场安检制服的变化吧。

1. 第一代安检制服

1994 年，白云机场安检站在全国民航中首创第一代安检制服，并获得了当时中国民用航空总局的认可与推广，全国各地机场安检站由此换上了第一代专属的安检制服。这套制服分为春秋、冬、夏三款，白衬衣搭配深蓝色的裤子，女生着直筒裙（裙子长度以膝盖上下 2cm 为宜），男女统一打黑色直领带，胸前佩戴小长条形的工号牌，肩章为小三角形徽标，既充满清新的时代气息，又不失军装的亲切与威严。

2. 第二代安检制服

1999 年，应空防安全形势需要，中国民航致力于打造一支纪律严明、训练有素的专业化安检队伍。民航总局统一设计了第二代安检制服，各地机场以此为参照，在一些具体细节上因地制宜地做出调整，使制服逐步彰显个性化。比如，白云安检取消了胸前的工号牌，"安检"字样的臂章也被固定缝制在衣服上，这样更方便旅客辨别安检、边检和海关的不同。肩章改为套入式，根据职务的不同，横杠数也不一样。女装蓝色蝴蝶结领花改成了简洁的条纹水滴形状，威严中不失柔美。冬装更加考究，采用双排扣设计。

3. 第三代安检制服

第三代安检制服使用的时间较短，改良的细节也较少，主要是将冬装外套的双排扣设计改回了单排扣。简约的单排扣，为早起工作的人员节省了时间。

4. 第四代安检制服

2008 年，白云机场成立了航空物流分公司，安检的货检业务板块被划归物流。为区分货检与旅检，白云机场安检站又对制服做了一次微调，设计出"白云安检"字样的胸徽，并缝制在制服的右前胸。至此，"白云安检"这个享誉全国民航的安全品牌已经清晰浮出"水面"。

（二）中国民航贵宾厅制服发展

伴随着民航业的高速发展，旅客吞吐量的大幅增加，越来越多的民航旅客开始接触和体验到机场的贵宾服务。机场贵宾服务指机场或其他服务机构为乘客提供的机场特殊服务，包括贵宾休息厅、离港陪同、贵宾中心停车场泊车等。贵宾服务已经成为机场面向旅客服务的重要窗口。为提升服务质量，必须把服务内容做到精细，将服务品质做到精细；提升管理水平，对工作流程抓到精细，把岗位职责划分精细，并且对员工的形象进行严格把控，从而提高民航机场的整体竞争力，为旅客出行提供更加完善满意的服务。贵宾厅制服结合所属航空公司进行定制，单位统一标准。在服装设计上，除了体现职业性和功能性特点外，还应体现当地民俗文化的特点，具有创新性和实用性（见图2-1-2）。

（三）中国民航空乘制服的发展

1950年的"八一"开航对于新中国民航具有里程碑的意义。1955年，空乘开始全面招新，这次招新开启了中国航空公司制服的演变与发展的序幕。1974年，中国参加国际民航组织活动。1988年，中国民航的空乘服务开始走向职业化、时尚化。随着民航交通的发展，中国空乘的形象开始转变，这种变化是全方位、多角度、深层次的。航空公司的企业文化，不仅是管理水平的灵魂，也是中国民航提高服务水平的标志和缩影。

图 2-1-2　贵宾厅制服

· 触礼旁通 ·

中国航空公司制服的演变

20世纪90年代，中国民航进入了高速发展时期，中国航空公司制服也进入了演变期，富有特色的乘务员制服成为各航空公司的品牌和标识。

50年代，中国的航空公司还没有统一制服；

60年代，航空公司有了统一的制服：挺括整齐的蓝色毛料西装，并配有航空公司标志；

70年代初，穿不戴领章帽徽的军便装；

80年代，统一的墨绿色的套装，这是中国第一套统一的空姐服装；

90年代，有特色的制服开始成为航空公司的标识。空勤制服在面料和款式上也有很大的变化，各航空公司都开始找专业人士设计制服。

1993年，中国南方航空股份有限公司成立，广州的乘务员也有了自己的第一套制服"蓝色领花的制服"。

21世纪后，"旗袍装"也成了航空制服的设计之一。

2008年，中国国际航空公司因其空姐制服而走在了世界先进航空公司的前列。

（四）中国民航空乘制服的特点

民航乘务员制服是航空公司的形象符号，是一个国家的国际代言，制服使乘务员心中产生职业的特殊感、责任感和荣誉感。制服是一种识别职业的专用服装，初期空勤制

服是根据耐用度、实用性及以激发旅客向心力为目的而设计的，由于早期民航多带有空军背景，空乘制服都具有浓厚空军军装的特征；随着空姐角色的演进发展，制服开始加入了更多女性化的线条剪裁以及颜色的选择，往后更常委托知名品牌设计师制作，赋予乘务员一种荣誉、美感与秩序统一的专业形象。随着时代的进步，航空公司建立了企业文化识别系统，每个航空公司根据各自企业文化中的视觉识别系统开始设计自己公司的制服，每一种制服都有其独特的寓意。

1. 民族性

民航的制服风格受民族文化、时代文化、地域文化影响，部分民航制服体现了浓郁的民族特色。服装既传递民族文化，也展现特色服务、个性化服务。

(1)中国国际航空股份有限公司(以下简称国航)制服。

国航的远景和定位是"具有国际知名度的航空公司"，其内涵是实现"主流旅客认可、中国最具价值、中国盈利能力最强、具世界竞争力"的战略目标。国航秉承"安全第一、旅客至上"的理念，推出以"放心、顺心、舒心、动心"为内容的"四心服务工程"。2001年国航以"国韵"为名，为新的空乘制服招标。"国韵"意在汲取东方美学精华，表现中国文化的深刻内涵。乘务员的红、蓝套装，采用了明瓷中的霁红与青花两种颜色作为主色，体现了东方之美，突出了国航新服装的民族化与国际化相结合的特点。衣料选择了高比例的羊毛面料，耐穿舒适。制服穿起来具有行动方便的特点，在紧急情况下，乘务员能尽快疏散旅客，保证客舱安全，体现了民航宗旨的"安全第一"原则。制服的设计人性化和时尚化并存，其高雅端庄，不失中华之礼仪，具备独特的美感(见图2-1-3)。

图 2-1-3　国航制服

(2)中国东方航空集团有限公司(以下简称东航)制服。

20世纪90年代，东航制服设计向多元化与国际化发展。1988年，中国东方航空公司正式成立。东航经历了五代制服的变迁，随着国际航班的不断开辟，制服的变化深受"东亚风"元素的影响。21世纪，东航开始了对个性化与品位的追求，东航的企业核心价值观即客户至尊，精细致远。改革开放40多年来，一套套制服记录着一个个历史画面。制服的变化见证了东航40多年的变迁过程，让我们看到了国际化东航的多元发展。新时代的东航乘务员也正以实际行动践行和诠释东航的服务理念和服务品质。2013年，配合国际化发展战略，东航推出第五代制服。东航第五套制服遵循"简洁、美观、得体"的原则，在满足职业制服功能性需求的同时，力求展现优雅的东方气质与时尚的海派风格。海军蓝的主色调营造出稳重、专业的职业氛围，中国结、正红色腰带及配饰，突出了青花瓷主题设计元素，经典中透出热情。女款衬衫与丝巾设计中运用的蓝色花朵元素，脱胎于康乃馨和莲花，体现出东方女性优雅、柔美、含蓄的特质，同时向旅客传递出温馨、舒适、细腻、高效的高品位服务理念(见图2-1-4)。

图 2-1-4　东航制服

(3)中国南方航空股份有限公司(以下简称南航)制服。

秉承"客户至上"的承诺，南航通过提供"可靠、准点、便捷"的优质服务，致力于满足并超越客户的期望。改革开放40多年来，空乘制服一直在变，而南航人的初心从未改变。从仅仅提供报纸、茶水的单一服务到如今空中服务的品牌化、标准化、体系化；从敢为天下先，主动参与国际竞争到向着规范化、一体化、智能化、国际化不断发展；为建设世界一流航空运输企业，推出一系列"木棉系"服务产品，着力打造国际化精品标杆航线，深入开展国际合作，稳步有序开拓国际市场。第四套制服整体色系为天青蓝色和玫粉红色，整套制服包括夏装、春秋装、冬季大衣和围裙多个款式，品种包括西装、衬衣、马甲、裤子、大衣、风衣等。款型高雅亲切，修身适体。乘务长身着有宝石般的光泽、纯净和透明感的天青蓝色制服，而乘务员穿着具有女性魅力的玫粉红色制服。上装是V字领的，用浅金色线条对领边和袖口进行了勾勒，而下装则是红、蓝斜纹面料的西服裙，既活泼别致，又显得亲切干练和时尚高雅(见图2-1-5)。

图 2-1-5　南航制服

2. 时代性

制服的线条简洁，款式灵活，能够充分展现良好的职业形象。乘务员制服融入了女性柔美的本质以及时尚的元素，成为各行业的制服典范。

（1）四川航空股份有限公司（以下简称川航）制服。

川航以"真、善、美、爱"之心为旅客提供精品服务。以美丽关爱感动人心，以感恩事业铸造和谐。2008年，川航空乘统一换上第七代制服，制服灵感来自川航主题色——川航红，主款为红色七分袖连衣裙，黑色腰带，浅立领，胸前有红黑相间的"褶皱"折饰。红色连衣裙整体线条简洁流畅，能够展现川航乘务员娴静端庄的职业仪态。浅立领能够衬托乘务员的优雅气质；黑色线条为服装注入理性、沉稳的特质；"褶皱"折饰在行走时自然律动，传递灵动之美。考虑到空乘的职业特性，袖子采用干练利落的七分袖设计，裙身下摆微收，留有足够活动裕度，方便乘务员在客舱中开展服务操作（见图2-1-6）。

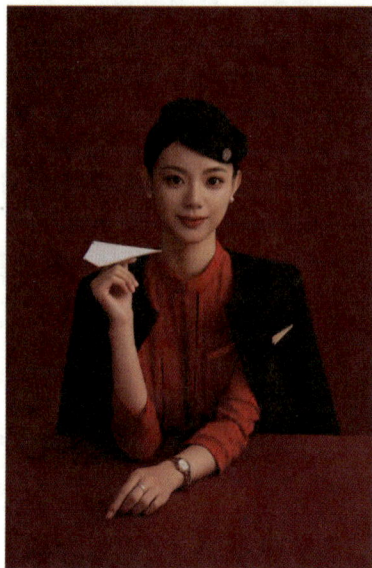

图 2-1-6　川航制服

（2）厦门航空有限公司（以下简称厦航）制服。

厦航乘务队形成了"六勤"（眼勤、手勤、腿勤、嘴勤、耳勤、脑勤）、"五心"（热心、诚心、细心、耐心、恒心）、"四美"（心灵美、语言美、行为美、形象美）、"三不怕"（不怕脏、不怕累、不怕烦）的服务作风。空乘制服经历了泡泡袖、白蝴蝶结、中式旗袍等阶段。2018年8月，厦航新一代空乘制服惊艳亮相，融合了复古元素与现代简约时尚，勾勒出更加高雅、自信、干练的空乘形象。俏皮的小帽上带有"一鹭高飞"航徽，衣袖为七分袖，并配有深蓝色的宽腰带（见图2-1-7）。不同明度"天空蓝"制服，区分乘务员不同的岗位，由浅到深的蓝色新制服分属于普通乘务员、客舱乘务长和客舱经理。

图 2-1-7　厦航制服

（3）海南航空公司（以下简称海航）制服。

海航成立于1993年1月，1993年5月开始运营。海航以优质的产品及服务连续数年获得"SKYTRAX 五星航空公司"荣誉。海航乘务员制服经历了五次更新换代，第五代制服名为"海天祥云"，于 2018 年 6 月 6 日启用。其制服的最大亮点在于中国传统元素与国际时尚的结合。制服用中式旗袍形状做底，领口为祥云漫天，下摆为江涯海水，以"彩云满天"为基，呈现了海航大鹏金翅鸟翱翔于云海之间的辉煌意境，诠释了海航的无限发展空间及生生不息的企业内涵(见图 2-1-8)。

图 2-1-8　海航制服

二、民航制服的作用

(一)统一行业标准

民航制服作为企业形象识别系列的重要部分，首先要与民航自身的文化完美结合。标志性、统一性、功能性是民航制服设计和使用的关键，标志性和功能性的制服体现在工种需要和穿着者的感受上，如空乘制服重视服装的抗摩擦、阻燃及安全性。

(二)传播企业文化

制服作为企业形象中的重要识别因素，能够传达企业的种种信息：经济实力、精神面貌、管理水平等物质和精神的文化内涵。民航各分支机构的功能、环境及风格综合决定了民航的企业文化。

(三)树立企业形象

制服的穿戴能使工作人员提前进入工作状态，在服务过程中更加灵敏，穿制服也是使命感和责任感的体现。制服具有标志性、功能性、实用性、时尚性的特征，能够体现企业文化理念。企业形象的树立离不开企业航空文化的发展，工作人员在为旅客服务时，应体现企业的良好形象，传递中华优秀传统文化。

(四)增强集体荣誉感

服饰本身并不具有职业属性，但当从事某一职业的人们形成一种穿着习惯时，便赋予了服饰的职业属性和社会属性。服饰能以高超的设计技术美化行业标准，凸显其职业特点。民航服务人员通过外在的形体与内在的气质，在服务过程中能够给旅客一种整体美和职业美的享受，体现团队精神和集体荣誉感。

三、民航乘务员的着装要求

(一)合身得体

制服的尺寸必须符合民航人员的身材特点。制服穿着忌乱，必须合体。讲究"四长"，即袖至手腕，衣至虎口，裤至脚面，裙至膝盖。讲究"四围"，即领围以插入一指大小为

宜，上衣的胸围、腰围及裤裙的臀围以插入一指的松紧为宜。

（二）干净整洁

民航人员的制服应保持干净整洁，并定期换洗。制服干净整洁体现的是对工作岗位的尊重与热爱，是服务行业人员的基本要求。空乘人员的制服要求无异色、无异味、无异物，尤其是衣领口与袖口等外露部分更要注意保持干净整洁。

（三）熨烫挺括

空乘人员穿的制服必须是熨烫过或者没有褶皱的制服。制服清洗后应熨烫平整，穿着制服时，注意动作幅度，不乱坐乱靠，穿过之后应用衣架挂好或者叠放整齐，存放过程中要保持制服平整。

（四）完整规范

制服应保持完整，避免制服出现破损、开线和缺失纽扣等现象。空乘人员因为工作时全程一直站立，要保证整体装扮符合航空公司的要求。

· 触礼旁通 ·

民航员工女性着套裙时，应根据身材体形的不同，选择不同类型的套裙。

套裙款式

"H"型：上衣较为宽松，裙子为筒式，这种款式显得优雅、含蓄，可以为身材肥胖者避短。

"A"型：上衣为紧身式，裙子为宽松式，这种款式适合上半身较为苗条但臀部较大或腿粗的女性，同时也可以遮掩下半身的缺陷。

"X"型：上衣为紧身式，裙子为喇叭式，这种可以突出腰部的曲线美。

"Y"型：上衣较为宽松，裙子为紧身式，常以筒裙为主，这种款式适合上半身肥胖而下半身苗条的女性，同时也可以遮掩上半身的缺陷。

民航男性员工在社交或商务场合应选择西服款式（要根据自己的身形定制），因西服种类偏多，可根据场合和体形选择适合自己的款式。

西装的款式

西装款式可分为欧式、英式、美式和日式四大款式。

欧式：领型狭长，胸部收紧突出，袖拢与垫肩较高，造型高雅。

英式：与欧式相仿，但垫肩较薄，后背开衩。

美式：领型较宽大，垫肩较适中，胸部不过分收紧，两侧开衩，风格自然。

日式：外观略呈"H"型，领型较窄，较短，垫肩不高，多不开衩，为单排两粒扣。

四、民航制服的基本规范

(一)裙服套装

裙服套装一般分为春秋装和夏装。

(1)春秋装:长袖衬衣、裙子、马甲、外套、风衣、帽子、丝巾、长筒丝袜、工作皮鞋。

(2)夏装:短袖上衣、裙子、长筒丝袜、工作皮鞋。

(3)裙子长度以膝盖上下 2 cm 为宜。

(4)穿裙装时必须穿长筒丝袜。

(二)裤装套装

(1)女士:长袖衬衫、马甲、外套、大衣(羽绒服)、裤装、围巾、帽子、短丝袜、工作皮鞋(皮靴)。

(2)男士:西装、衬衫、领带、皮带、袜子、工作皮鞋。

(3)衬衫领口和袖口无污渍、无泛黄,纽扣完好。

(4)着外套时,衣扣必须完全系好。

(5)西装口袋处保持平整,口袋内避免放置物品。

(6)西裤长度以盖住皮鞋鞋口为宜,裤线必须熨烫平整。

(三)风衣

(1)春秋两季时穿在裙服套装或西服套装外面。

(2)着风衣时必须扣好纽扣,系好腰带。

(四)大衣(羽绒服)

(1)冬季着装时穿在套装外面,着大衣时必须扣好纽扣。

(2)室外需佩戴围巾,围巾的佩戴方法一般采用对折系法,并将围巾尾部放入大衣或羽绒服内。

(3)室内不着大衣(羽绒服)时需调整佩戴丝巾。

(4)穿统一发放的工作皮鞋或工作靴。

(五)帽子

(1)同色制服套装配搭同色帽子。

(2)帽徽根据航空公司标准调整,帽檐不遮眉,在眉上方的 1~2 指处。

(六)丝巾

(1)要时刻保持丝巾的干净整洁,熨烫平整,花纹清晰明艳。

(2)丝巾的佩戴方法根据航空公司标准执行，工作小组需保持统一。

（七）袜子

(1)女士：根据制服颜色和公司规定，一般采用肤色、深灰色、黑色长筒丝袜或短丝袜。

(2)男士：着纯黑色或藏青色中筒棉袜，且无花纹。

（八）皮鞋

(1)工作皮鞋一般采用真皮制作，简洁、无饰物点缀。

(2)保持皮鞋清洁、光亮、完好。

任务 2　掌握民航服务人员服饰规范

任务目标：

1. 了解对民航空中服务人员服饰规范的基本要求。

2. 掌握民航服务人员常规制服配饰及其使用方法。

3. 掌握民航服务人员丝巾与领带的系法与佩戴方法。

·触礼旁通·

媛媛是一名空乘人员，空闲时间沉迷于打游戏。9月的一天，她照旧约了朋友打游戏，没有看到公司发出的第二天着秋装的通知。第二天一早，有飞行任务的她仍然穿着夏季制服去参加飞行晨会，刚到会议室门口，尴尬的一幕发生了……

寻礼之问

1. 媛媛为什么会尴尬呢？

2. 你知道的民航制服规范有哪些呢？

民航服务人员是中国民航的窗口，其一颦一笑、一举一动都散发出特有的职业魅力，唤起人们对这个职业的崇拜与向往。对于精心设计的制服，民航服务人员必须按规范统一穿着。

一、基本要求

(1)在岗时应穿公司统一发放的同季制服，不允许混搭或混穿。

(2)制服上不得佩戴任何私人饰物。

（3）保持制服整洁平整、无异味、无污渍、无斑点、无褶皱。

（4）任何情况下不得将制服外借、赠予或转卖给未经授权的组织或个人。

二、民航服务人员常规制服配饰及使用方法

（一）姓名牌

姓名牌上通常包含航徽、中文姓名和姓名拼音等。在工作中必须佩戴姓名牌（如图 2-1-9），一方面体现规范管理，另一方面表示接受公众监督和检查。姓名牌要佩戴在制服的外面，胸前左侧上方（口袋）处。

（二）证件

服务人员在工作岗位上要根据工作区域佩戴登机证。证件统一挂于胸前，并使用公司配发的带有公司和中国民航局标志的挂绳。证件（见图 2-1-10）正面朝外，自然下垂。

图 2-1-9　姓名牌

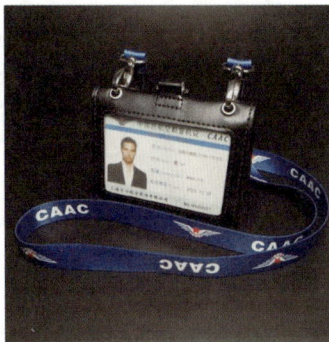

图 2-1-10　证件

（三）工作箱包

公司通常会为乘务员配发工作箱包，使用时要在工作箱包的指定位置插入个人名片，但不能在工作箱包上拴挂或粘贴各种造型饰物。根据出差天数，乘务员应按照航空公司规定配带相应的工作箱包（见图 2-1-11、图 2-1-12）。

图 2-1-11　工作箱

图 2-1-12　工作包

（四）丝巾与领带

1. 职业丝巾系法

平结：丝巾呈菱形对折，再对折成 3 指宽，一端长另一端短的长条；从丝巾最底层内从下至上穿过，两尾端缠绕打结。

百褶花结：丝巾呈菱形对折，再从中线多次翻折，呈扇面；由一端 1/3 处开始叠加褶皱至另一端 1/3 处，再用小皮筋绑住中部，从皮筋底端整理每一层花形皱褶。

百折扇结：丝巾长边叠成折扇形状后，与平结系法一致，整理扇面。或用小皮筋将丝巾底部固定后整理扇面。

牧童结：丝巾对折呈倒三角形，再从长端叠加呈 3～4 个褶皱，丝巾末端与平结系法一致，系在脖颈处整理。

| 视频：平结 | 视频：百褶花结 | 视频：百折扇结 | 视频：牧童结 |

2. 领带佩戴规范

不管是制服还是一般商务西服，首先要与领带搭配。领带也是男士在仪表方面的一个标志，配上合体的西服，可以使穿者显得潇洒、精神、绅士、稳重，同时也体现出对场合的重视。

领带系法：领带有五大系法，平结、交叉结、双交叉结、双环结、温莎结。其中温莎结适合用于宽领型的衬衫。

领带的规范：一般不需要配领带夹。

视频：领带系法

领带的位置：打好结后，领带的下端刚好触及皮带扣下缘。如果领带下端超过了皮带扣，则显得身材矮小、无精神；如果领带打得太靠上，远离了皮带扣，会凸显肚子，且暴露上半身缺点。

> **· 思政园地 ·**
>
> 一个人就是一幅流动的风景、一座活动的雕塑，而形象设计就是塑造美的过程。制服的美不仅体现在制服设计单位的精心创作，更体现在通过制服展示的企业文化，以及在制服规范穿着中塑造的集体主义观念、培养的"我为制服添光彩"的荣誉感上。希望同学们通过对制服的学习，懂得维护企业品牌和形象的重要性，懂得遵守制服规范穿着的严谨性。

· 礼之实践 ·

1. 乘务员的制服着装有什么要求？

2. 练习四种常见的丝巾系法。

3. 练习领带的系法。

· 项目自测 ·

1.（　　　）体形的特点是上身瘦、臀部大。

A. O 型　　　　　　　B. H 型　　　　　　　C. A 型　　　　　　　D. X 型

2. 圆脸型的人选择衣领时，应选（　　　）。

A. 圆形　　　　　　　B. 一字形　　　　　　C. 梯形　　　　　　　D. V 型

3. 服装的（　　　）的样式，与脸型有直接关系。

A. 裤子　　　　　　　B. 衬衣　　　　　　　C. 领子　　　　　　　D. 袖子

4. 简述职业制服着装的要求。

任务 3　学习民航服务人员妆容规范

任务目标：

1. 了解民航服务人员妆容的特性和原则。

2. 了解化妆品的分类及化妆工具。

3. 掌握面部妆容类别。

　　化妆技术随着社会时尚审美的变化而不断地发生着变化，在当今的社会生活中，人们更加倾向于自然、清新、淡雅的妆容风格。完美的妆容包含多种因素，由于职业、身份、性格、场合不同等，展现的妆容也不尽相同。良好的妆面设计一定要契合职业和性格等特点。妆容的展现，很大程度上取决于个人的审美能力、想象力和心灵塑造能力。学习化妆是为了准确了解自己的外形特点并加以美化，使个人魅力与气质修养达到最佳状态。对于民航服务人员来说，这是一门必修课。

一、民航服务人员职业妆容的特性

　　职业妆容要求：妆面、发型、服饰要统一，符合公司标准。

　　职业妆容特点：干净、整洁、自然、大方、稳重、高雅、富有亲和力。

　　职业妆容标准：突出职业特征、体现精神面貌、与制服和谐统一。

　　职业妆容忌讳：妆面过浓、过艳、过淡、过冷。

二、民航服务人员妆容原则

工作妆要简约、清丽、素雅，具有鲜明的立体感。既要给人留下深刻的印象，又不能显得脂粉气十足。特别是乘务员，客舱工作环境中的灯光会对妆容有一定的影响，过于清淡的妆容会显得乘务员面无气色。

工作妆避免使用浓郁芳香型化妆品。在服务过程中，乘务员要与旅客近距离接触与交流，过浓的香味会引起旅客的反感。

不要当众化妆或补妆。公共场合当众补妆，既不雅观也是对他人的不尊重。需要补妆时，应在卫生间内进行。

不借用他人化妆品。借用他人化妆品既不卫生也不礼貌。乘务员在工作中要随身携带化妆包，以备不时之需。

三、民航服务人员妆容用色

妆容色系可分为暖色系和冷色系。橘色、粉色、焦糖色等属于暖色系；紫色、蓝色等属于冷色系。我国民航服务人员妆容用色目前多以粉色系、橘色系、蓝紫色系、咖啡色系为主。

以三大航空公司(国航、南航、东航)为例，航空公司对乘务员妆容用色的选择都做了明确规定。

国航制服分为中国蓝和中国红两种颜色。着红色制服建议搭配橙色或者咖色眼影、橘色腮红和红色口红；着蓝色制服建议搭配粉紫色或咖色眼影、粉色腮红和玫红色口红。

南航制服采用天青色和芙蓉红为整体色，妆容色系规定了两种。暖色系：眼影为大地色，腮红为桃红色，口红为桃红色。冷色系：眼影为粉色或粉紫色，腮红为粉色，口红为玫红色或粉色。

东航制服以藏蓝色为主色调，配以正红色皮带。妆容色系规定了典雅红唇妆和时尚湖蓝妆两种。典雅红唇妆眼影为橘色、香槟色、深棕色，腮红为亮粉色、浅桃色，口红为正红色。时尚湖蓝妆眼影为天蓝色、湖蓝色，腮红为亮粉色、浅桃色，口红为柔橘色、橘色。

· 触礼旁通 ·

民航服务人员妆容用色

民航服务人员应根据个人肤色、年龄、制服颜色和谐搭配的原则来选择妆容用色，这样才能获得既展现职业时尚特色又不失稳重大方的效果。

1. 眼影用色

在眼部化妆时，眼影粉或眼影膏的颜色应与口红和肤色相协调。比如，用紫色或紫粉色作眼影，浅色作结构色，深色作晕染色。

2. 眼线用色

根据亚洲人发色的特点，选用黑色、灰色或深咖啡色眼线笔、眼线液或眼线粉画眼线。

3. 睫毛膏用色

睫毛膏只能使用黑色，可选择加长、加密型睫毛膏。睫毛膏不宜涂得过于浓重，否则会失去自然感。

4. 眉毛用色

眉是五官之首，可以统筹五官，改善脸型。亚洲人发色以黑色、深棕色为主，因此眉笔或眉粉选色适宜选择黑色、深灰色、深棕色。眉骨处可选择高光色，如淡肉粉色、淡象牙色或最浅色粉底，不宜用纯白色及银光色。

5. 鼻部用色

通过彩妆让鼻梁变高，道理其实很简单：一是要使鼻梁显得高，二是要使鼻根显得低，三是要使鼻侧暗下去。这样既收窄了鼻梁，又强调了立体感，从而在视觉上显得鼻梁高。选色范围与眉骨提亮色一致，适宜选用淡肉粉色、淡象牙白或最浅色粉底。用高光粉抹在鼻子上，白色的眼影也行。鼻翼两边用深色的粉底，或者用棕色的眼影涂抹。

6. 面颊用色

面颊淡红可表现出红润的气色，也可塑造出面部立体感。选色要适宜，使面部产生自然的红晕，如淡粉色、淡橙色。胭脂要在颧骨部位匀开，表现面部自然红晕，不可画成晒伤红、苹果红或高原红。

7. 唇部用色

唇是气色的关键，可以凸显神色，改变气质。可选择滋润型有透明感的口红。色彩范围：粉红色、紫粉色、橙红色、红色。唇线笔选色要与口红色一致。口红要涂得薄而透，不可过于浓艳。

需要注意的是，民航服务人员职业妆容不可以使用珠光色，仅限于使用哑光色，并且要做好脖子和脸的衔接。

四、民航服务人员的化妆标准

（一）日常妆

日常妆主要体现在日常生活中，个人可以按照自身意愿和审美进行美化，根据整

体形象风格塑造自己，可追求时尚、端庄、优雅、清新，随意性较强，选择范围较大，但需注意适合的年龄、环境。可根据所在场合、目的进行塑造，也可根据季节变化来设计妆容（见图2-1-13）。

图 2-1-13　日常妆

（二）职业妆

1. 地面服务妆

（1）特点：航空地面服务人员的岗位工作环境及工种性质与客舱乘务员不太一样，分室内、户外工作地点，有些岗位要面对的客流量较大，服务人员动作既利落又烦琐，主要负责在旅客登机前和着陆后的一系列工作，但室内、户外的光线条件都偏多样，故化妆时要能体现专业性，以及亲和力强、热情大方的特点。可根据室内、户外岗位环境调整妆容饱和度。

（2）化妆要点：自然、端庄、简易，需注意妆面的持久性（见图2-1-14）。

图 2-1-14　地面服务妆

2. 客舱乘务妆

（1）特点：相对于地面服务而言，客舱服务工作的空间较狭窄、空气不流通、光线较暗。客舱乘务员的职业形象既要美观，也要淡雅，给人以赏心悦目、舒适之感。在机舱中乘务员常常需要为旅客提供服务，常与旅客近距离接触，并且旅客大部分都是通过乘务员的服务专业性而对航空公司服务进行评价的。所以，客舱乘务员的妆容不仅要达到规范，还要体现精致，注重细节往往会让对方觉得受到重视和尊重。

（2）化妆要点：妆色淡雅、清新、干净、给人亲和力较强的感觉，但要注意乘务组之间的协调、统一效果（见图2-1-15）。

图 2-1-15　客舱乘务妆

五、女士面部化妆程序

（一）日常妆

日常妆主要体现在日常生活中，可以按照个人的意愿和审美进行美化，根据整体形

象风格塑造自己，可追求时尚、端庄、优雅、清新，随意性较强，范围较大，但需注意适合的年龄、环境。可根据所在不同的场合、目的进行塑造，也可根据季节变化来设计妆容。

（二）日常妆程序

洁肤→修眉→爽肤→润肤→涂防晒乳→涂妆前乳→涂遮瑕→涂粉底→定妆→涂眼影→画眼线→夹眼睫毛→涂睫毛膏→画眉毛→涂腮红→涂唇膏（唇彩、唇釉等）→检查整体妆面（如图 2-1-16）。

图 2-1-16 日常妆

（1）修眉：使面部干净、立体，调整脸型，为画眉打下基础。

（2）"护肤三部曲"：指洁肤、爽肤、润肤，这三者密不可分。可在化妆前与卸妆后认真完成此程序。这既为化妆打下了良好的基础，也为皮肤健康作了必要的铺垫。

（3）涂妆前乳、涂遮瑕：妆前乳主要用于弥补肌肤色不均、暗沉的缺点，局部使用能使肌肤得到修饰，呈现出晶莹透亮的自然光泽。在上妆前使用。妆前乳有白色液状，也有透明液状，乳白色的液状较为多见。遮瑕可以遮盖各种原因引起的如痘印、雀斑等皮肤问题，使面部显得干净，局部使用遮瑕较为自然。

（4）涂粉底：将化妆海绵浸湿，轻轻挤干水分，用粉底液刷在面部薄涂一层，再使用海绵运用点拍、按压的方式使底妆更服帖持久。涂粉底能够起到统一肤色、遮盖瑕疵、改善皮肤质地的效果。

（5）定妆：用定妆刷或粉扑蘸取定妆粉，从上而下进行，将易出油的局部区域如眼周、鼻周、唇周用粉扑按压，再使用定妆刷清扫余粉。定妆使面部干爽、容易上妆，妆面更加持久。

（6）修容：利用颜色的对比，造成视觉错觉，使面部显得立体。首先，用高光刷蘸取高光对眉骨、鼻根、鼻头、下颌区域进行提亮。其次，用鼻侧影刷在眉头下缘线延至鼻翼处修饰，再用修容刷在下颌区域延至颧骨最高点修饰，同时注意针对不同脸型的修饰技巧。

（7）涂眼影：运用色彩来修饰和美化眼部，增加眼睛的神韵。眼影画法多种多样，一般采用平涂法、晕染法、眼尾加重法。

①平涂法：先用浅色打底，再用一种颜色由睫毛根部开始平涂，下眼睑画半包，用

色单一。此种方法适合裸妆、肿泡眼。

②晕染法：将上眼睑分区域进行晕染，一般选用两种或两种以上的颜色。此种方法可运用色彩的变化选择同色系或邻近色，适用于各种眼形和妆型。晕染时注意内浅外深，先用浅色系在整个上眼睑处打底，第二层颜色涂满整个上眼睑的 2/3，第三层最深的颜色叠加在高于双眼皮基准线上 3mm 左右即可。下眼睑画半包，不超过瞳孔中线，颜色叠加层次与上眼睑相同。各区颜色衔接过渡自然，不能有分界线，接近眉骨处眼影边缘应虚化自然。

③眼尾加重法：将上眼睑分区域进行晕染，一般选用两种或两种以上的颜色。此种方法可运用色彩的变化选择同色系或邻近色，适用于各种眼形和妆型。晕染时注意内浅外深，先用浅色系在整个上眼睑处打底，第二层颜色涂满整个上眼睑的 2/3，第三层最深的颜色叠加在后半段眼睑的 2/3 处但不超出外眼角。下眼睑画半包，不超过瞳孔中线，颜色叠加层次与上眼睑相同。各区域颜色衔接过渡自然，不能有分界线，接近眉骨处眼影边缘应虚化自然。

(8)画眼线：眼线可以矫正眼型。观察眼睛形状，确定上睫毛线的高度，眼睛平视前方，用手指轻轻将上眼睑向上提拉，使睫毛根部露出，再进行描画。在眼尾处，手指离外眼角 1cm 处往外平拉。画眼线时平拉即可，也可根据眼型将眼尾往上或往下勾画。再用小号眼影刷将眼影、眼线充分融合在一起，既避免晕妆，也可以使衔接自然。单眼皮或肿泡眼者可以不画眼线，利用深色眼影在睫毛根部处晕染。

(9)涂睫毛膏：睫毛膏可增加睫毛的浓密度、长度。刷睫毛膏时注意保持眼周的干净，如不慎涂到皮肤上，立即用棉签处理。涂上睫毛时，先用睫毛夹夹翘睫毛，眼睛向下看，用"Z"字涂法从根部往上涂，如有结块立即用睫毛梳梳开。涂下睫毛时，眼睛向上看，用睫毛刷头横涂再竖涂。

(10)画眉毛：美化眉形，使眉色与眼部色彩协调统一。眉形画法形式较多，根据脸型一般采用标准眉、一字眉。

①标准眉：从眉腰下缘线开始，顺着眉毛的生长方向，描画至眉峰处，形成上扬的弧线，再顺着眉毛的生长方向，斜向下画至眉梢，呈下降弧线，加深眉腰至眉峰的颜色，淡化眉头的颜色。确定眉尾长度的点位，可利用眉笔快速测评，鼻翼到外眼角连线的延长线上的点，就是眉尾最长可至的点。确定眉峰的点位，将确定后的眉尾的延长线平移到鼻尖，但眉尾不能低于眉头。此种眉形适合所有脸型。

②一字眉：从眉腰下缘线开始，顺着眉毛的生长方向，描画至眉峰处，形成一条直线，再顺着眉毛的生长方向，斜向下画至眉梢，呈下降弧线，加深眉腰至眉峰的颜色，

淡化眉头的颜色，眉尾不能低于眉头。此种眉形适合长脸型。

(11)涂腮红：可以改善肤色，矫正脸型，使妆面色调谐调等。从鬓角处往前扫，向前不超过眼睛1/3垂直线，向上不超过外眼角的水平线，向下不得低于鼻翼的水平线。同时根据脸型适当调整，长脸型者一般横扫腮红，其他脸型者可以斜向扫腮红。

(12)涂唇膏：使唇部红润，与整体妆面谐调。根据眼影、腮红色系搭配相应的有色唇膏，注意涂抹均匀，不可溢出唇外。

(13)检查整体妆面：加强妆面的持久性，可使用定型喷雾。运用散粉刷冲淡面部过重色彩，使整个妆面更加柔和。再对各个部位进行检查，保证妆面的完整、精致。

（三）职业妆程序

职业妆的化妆程序与日常妆一致，请查看视频。

六、男士面部化妆

通过遮瑕和修容，将面部肤色调整得更加均匀，使气色红润，展现最好的精神面貌。遮瑕主要掩盖脸部瑕疵，使整个面部干净清爽；修容主要是增加面部立体感；眉的修饰主要是去除杂眉，调整和修补眉形（见图2-1-17）。

视频：日常妆步骤

图 2-1-17　男士面部化妆

七、卸妆顺序

对于常化妆的男性或女性来讲，需每次把妆彻底卸干净，否则残留的化妆品和皮肤分泌物会给皮肤造成极大的伤害，久而久之皮肤的过敏现象和各种瑕疵就会频繁出现。因此，对卸妆产品与工具的选择、卸妆顺序就有相应要求。

（一）卸妆产品及工具

卸妆产品大概有卸妆液、卸妆乳、卸妆油等，卸妆工具包括常用的化妆棉、化妆纸、棉签等辅助工具。

（二）卸妆顺序

睫毛→眼线→眼睑→眉部→唇部→颊部→额头→下巴→脖颈→耳周。

·触礼旁通·

卸妆步骤

正确地卸妆可以清除皮肤毛孔中残留的化妆品、灰尘和油脂，使皮肤尽快地恢复至轻松的状态。妆面中有很多细节部分很难卸除干净，如睫毛膏、眼线和眼影，因此卸妆时应首先卸除这些地方，尤其是使用防水性化妆品时，一定要采用油性专用卸妆液，这样才不会残留化妆品和污垢，伤害皮肤。

第一步：眼部

眼部皮肤脆弱敏感，易受刺激，所以卸妆时手法应轻柔，应用专用的眼部卸妆液和化妆棉。

卸除睫毛膏：眼睛向上看，然后将一小块棉片（将棉片从 1/3 处对折）放在自己眼睛下方靠近睫毛根部，同时闭眼。用一只手的手指固定棉片，另一只手用棉签蘸取卸妆液之后从睫毛根部向下轻轻擦拭，反复多次，最后取下棉片，将其反面对折，沿眼睑由内向外轻擦，直至干净为止。

卸除眼线：先闭眼，用一只手的拇指轻提起上眼睑，另一只手用棉签蘸取少许卸妆液，由外向内擦拭上眼线，再由内向外擦拭下眼线，反复多次。

卸除眼影：用两手指夹住沾有卸妆液的棉片在上眼睑处由内向外轻抹至太阳穴，直至干净为止。

第二步：眉部

卸除眉部的彩妆时，方法与卸除眼影的方法类似。用两手指夹住沾有卸妆液的棉片在眉毛处由内向外来回反复轻抹，直至干净为止。

第三步：唇部

卸除唇部彩妆时，一只手按住一侧的嘴角，另一只手的手指夹住沾有卸妆液的棉片从嘴角一侧擦拭至另一侧，直至完全清除干净。

第四步：脸部

卸除粉底等脸部的底妆时，可用沾有卸妆液的棉片分别按额头、鼻子、脸颊、口周的顺序来卸除。必须一遍一遍地卸除，并按面部肌肉的纹理及走向擦拭。

视频：卸妆

·礼之实践·

训练项目	训练目的	训练标准		分值	训练形式	评分方式
民航职业形象妆容标准及规范（女士）	通过训练掌握职业妆容的标准及运用化妆工具的画法	底妆	轻薄、均匀、干净、有光泽。	20分	实操	学生评价教师点评
		眼妆	不佩戴假睫毛；使用大地色系眼影，根据眼型上眼影渐层晕染、下眼影半包；眼线流畅不夸张，睫毛根根分明；眼周妆面干净。	30分		
		眉形	眉形标准，眉头浅、过渡自然，眉周妆面干净。	30分		
		腮红	粉橘色系腮红，根据脸型轻扫，晕染均匀、范围合适，两边对称。	10分		
		唇部	正红色系口红，唇形标准，唇线流畅，唇周干净。	10分		
民航职业形象仪容塑造及规范（男士）	通过训练掌握职业仪容及对五官的立体修饰	根据自己的五官及眉形特点进行修饰，要求妆面干净、自然，眉形精致，眉色协调。		100分	实操	学生评价教师点评

任务4 民航服务人员发型技能实训

任务目标：

1. 掌握民航职业发型的设计原则。

2. 了解发型工具。

3. 通过技能实训，掌握职业发型的标准及盘发技巧。

民航服务人员要注意自己的整体形象，特别是头发。头发的整洁既能代表公司良好的整体形象，又能体现个人工作严谨、规范及良好的卫生习惯等。一个人有干净整洁并符合职业标准的发型会得到他人的信任、认可、喜爱和赞美。

一、民航职业发型的设计原则

（一）干净的原则

头部的洁净程度完全可以体现一个人的精神状态和生活习惯，"蓬头垢面"的形象不符合职业要求和仪容仪表要求。民航服务人员应经常洗头发，注意头发的干净度，最好

是保持无头皮屑，无分叉、枯燥的发质，发面不油腻。

（二）长度适宜的原则

1. 男士

前发：男士应为短发，前发要求不遮盖额头一半（见图 2-1-18）。

侧发：不遮盖耳朵，鬓角不长于耳朵的中部（见图 2-1-19）。

后发：不长于后发际线（见图 2-1-20）。

图 2-1-18　前发　　　　　　图 2-1-19　侧发　　　　　　图 2-1-20　后发

2. 女士

前发：适度蓄留一定长度的头发，注意发量的多少。再根据脸型适度调整，前发要求不遮盖眉毛（见图 2-1-21）。

侧发：不遮盖耳朵（见图 2-1-22）。

后发：长发应盘圆髻，短发则应不盖后衣领（见图 2-1-23）。

图 2-1-21　前发　　　　　　图 2-1-22　侧发　　　　　　图 2-1-23　后发

（三）美观的原则

头发梳理得当、纹理整齐、高度适中。除了整洁，还要注意发型的整体美观。女士发型应当简单，看起来精神，除单位要求外，一律不得多佩戴其他发饰。

（四）协调的原则

职业发型的设计和整理必须根据服装、场合、身份、年龄、脸型、气质、体形等而定，不得随意烫染头发，如果白发较多，可染黑色或接近原本发色的颜色。整体造型应符合职业要求，突出职业女性专业、细致、气质、干练的一面。

二、发型工具介绍

民航职业要求发型干净利落，这需要发型工具及产品的辅助和定型，才能保持一天的造型不杂乱。发型工具多种多样，其作用也是根据发质而定的。

（一）发型工具

尖尾梳：别名挑梳、分针梳，主要用于盘发。一边梳，一边用尖尾顺次把头发挑起（见图2-1-24）。

黑色发卡：一字夹，发饰的一种，多用金属做成，是将头发卡成一束的夹子（见图2-1-25）。

黑色皮筋：用于束发、捆绑头发（见图2-1-26）。

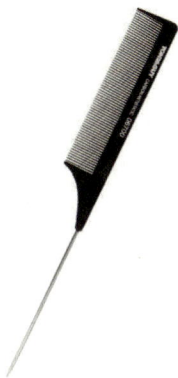

图2-1-24　尖尾梳	图2-1-25　黑色发卡	图2-1-26　黑色皮筋

U形卡：用于固定发髻（见图2-1-27）。

黑色隐形发网：用于包住发髻，收马尾碎发，发网不明显，能使发髻干净、饱满。一般与U形卡一起使用（见图2-1-28）。

镜子：整理仪容（见图2-1-29）。

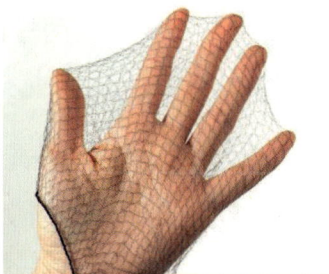

图2-1-27　U形卡	图2-1-28　黑色隐形发网	图2-1-29　镜子

（二）发型塑造

1. 男士

男士的发型塑造，要体现出一个人的性格、修养和气质。面部饱满的男生，适合寸发，前额较宽的人可以将头发往后梳。

2. 女士

女士穿制服时要按照出勤的标准梳理好头发并用发胶固定,避免头发掉落。短发打理时需长短整齐,不能太短和怪异,长发需盘髻整理。根据脸型调整发型设计,一般有以下两种。

(1)气质型。气质型发型亦是大光明发型,即前额不留刘海,根据脸部宽度适当调整头顶弧度,发髻为芭蕾式,前后左右碎发应以发胶和发卡固定,发卡、皮筋、发网均为黑色,头发上发卡不超过四个。适合椭圆形脸、圆形脸、方形脸、倒三角形脸、菱形脸、正三角形脸及上庭偏短偏窄的脸型。

气质型的盘发方法如下。

①打毛倒梳:将头发顶发区及刘海区稍微倒梳打蓬松。

②头发分区:将头发从两耳尖往斜向上分,分为上下两个部分,再将上部分头发梳理整齐。用2~3个一字卡往斜上方卡住头发。根据脸型,用尖尾梳调整头顶高度,用适量发胶定型,并用梳齿整理纹理。

③绑马尾:将下半部分头发梳成马尾,并靠近一字夹处,需把后脑勺碎发整理干净。

④整理碎发:使用发胶整理马尾碎发。

⑤盘发髻:将马尾以顺时针(或逆时针)方向盘成圆髻。将隐形发网重叠两层,用发网收好发髻(如果发髻较小需用假发包增加发量)。

⑥固定发髻:使用U形卡固定上下左右发髻边缘(U形卡5~6个)。

视频:气质型发型

⑦定型碎发:整理后颈碎发,用一字夹固定两耳侧易散落发丝。

⑧检查:正面无碎发,纹理整齐,表面光滑;侧面发夹对称,发髻底端不低于两耳垂;背面发髻圆润、饱满,直径不小于8 cm。

(2)优雅型。优雅型发型亦是斜刘海发型,即前额留有刘海修饰,根据脸部长度适当调整头顶弧度及刘海区域,刘海为圆弧形,发髻为芭蕾式或发髻式,前后左右碎发应以发胶和发夹固定,发夹、皮筋、发网均为黑色,头发上发夹不超过四个。适合椭圆形脸、长方形脸及上庭偏长偏宽的脸型。

优雅型的盘发方法如下。

①刘海分区:将刘海区域分出来,头发从眉峰往后以三七分,再往下分到耳尖,刘海区域不得超过四指宽。

②分区固定：用鸭嘴定位夹固定刘海区。

③调整弧度：用挑梳调整头顶高度，修饰脸型，并用发胶固定。

④绑马尾：使用发胶将后脑勺碎发收干净，用梳子整理纹理，扎中马尾（平行于耳尖）。

⑤梳理刘海：将刘海梳理整齐，往斜下方，不得遮盖眉毛，可接近眉毛一指宽。耳后刘海区域头发需用鸭嘴定位夹先固定，再使用发胶固定。

⑥固定马尾：用皮筋将刘海区中部与马尾合二为一进行固定。

⑦盘发髻：将马尾以顺时针（或逆时针）方向盘成圆髻。隐形发网重叠为两层，用发网收好发髻，（如果发髻较小需用假发包增加发量）。使用 U 形卡固定上下左右发髻边缘（U 形卡 5～6 个）

⑧定型碎发：用发胶与挑梳结合，将后颈碎发收干净，并用发夹固定两耳侧易散落发丝。

视频：优雅型发型

⑨检查：正面刘海区纹理整齐，表面光滑，刘海最低点与眉尾有一指至两指宽距离。侧面无碎发，分缝线不外露。发髻圆润、饱满，直径不小于 8 cm。

· 礼之实践 ·

训练项目	训练目的	训练标准	分值	训练形式	评分方式
民航职业形象发型标准及规范（女士气质型）	通过训练掌握职业发型的标准及盘发技巧	前后左右无碎发，发髻底端不低于两耳垂，发髻团圆、饱满，使用隐形发网。发髻直径不小于 8 cm；发髻厚度 4～6 cm；根据自己脸型调整高度，蓬起高度不超过 5 cm，不低于 3 cm。	实操	100	小组评分教师点评
民航职业形象发型标准及规范（女士优雅型）	通过训练掌握职业发型的标准及盘发技巧	前后左右无碎发，发髻底端不低于两耳垂，发髻团圆、饱满，使用隐形发网，发髻直径不小于 8 cm；发髻厚度 4～6 cm；根据脸型调整高度，蓬起高度不超过 5 cm，不低于 3 cm；斜刘海修饰距离眉尾两指宽，表面光滑并成片。	实操	100	小组评分教师点评

· 思政园地 ·

有人这样说过："永远都没有第二次机会去改变对一个人的第一印象。"

形象决定价值，一个良好的形象可以给你带来很多机会。

· 项目自测 ·

1. 脸部色调偏红，可用（　　　）修饰。

A. 淡紫色　　　　　　B. 淡绿色　　　　　　C. 米色

2. 涂高光色应用（　　　）的手法涂抹。

A. 平涂法　　　　　　B. 按压法　　　　　　C. 点拍法

3. 圆脸型者在梳理头发时（　　　）部分适宜蓬松些。

A. 头顶两侧　　　　　B. 头顶　　　　　　　C. 面型两侧

4. 正方形脸型者适宜描画（　　　）的眉形。

A. 下挂　　　　　　　B. 拱形　　　　　　　C. 平直

5. 两眼间距离近，眼影的修饰重点应放在（　　　）。

A. 内眼角　　　　　　B. 眼部中央　　　　　C. 外眼角

6. 三点一线是指将（　　　）连成一条线。

A. 眉头、内眼角、嘴角　　　　　　　B. 外眼角、眉梢、嘴角

C. 眉头、内眼角、鼻翼

7. 为加强眼部立体感，可在眉骨抹上（　　　）眼影。

A. 暗色　　　　　　　B. 明亮色　　　　　　C. 褐色

8. 与唇膏的颜色相比，唇线笔的颜色应（　　　）。

A. 略深一度　　　　　B. 略浅一度　　　　　C. 相同

项目二 民航人员仪态礼仪认知

项目描述

了解了着装和发型上的要求后，李丽对自己更加自信了。很快李丽就要去参加自己的第一场"面试"了，那么李丽还需要从哪些方面去展现自己良好的精神面貌和状态呢？本项目通过对表情、手势以及身体动作等辅助表达思想感情的"无声之语"的介绍，使学习者掌握民航服务仪态礼仪的基本要领和规范，举手投足间体现民航人员的教养和风度。

礼在身边

12次微笑

飞机起飞前，一位旅客要吃药，所以请求空姐给他倒一杯水。空姐很有礼貌地说："先生，为了您的安全请稍等片刻，等飞机进入平稳飞行状态后，我会立刻把水给您送过来。好吗？"15分钟后，飞机早已进入了平稳飞行状态。突然，客舱呼唤铃响了起来，这位空姐猛然意识到：糟了，由于太忙，忘记给那位旅客倒水了！空姐连忙来到客舱，小心翼翼地把水送到那位旅客跟前，面带微笑地说："先生，实在是对不起，由于我的疏忽延误了您吃药的时间，我感到非常抱歉。"这位旅客抬起左手，指着手表说道："怎么回事？有你这样服务的吗？你看看，都过了多久了？"空姐手里端着水，感到委屈。但是无论她怎么解释，这位旅客都不肯原谅她。在接下来的飞行途中，为了补救自己的过失，空姐每次去客舱给旅客服务时，都会特意走到那位旅客面前，面带微笑地问他是否需要水或者别的什么帮助。然而，那位旅客余怒未消，摆出一副不合作的样子并不理会空姐。

快到目的地了，那位旅客要求空姐把留言本给他送过去。很显然，他要投诉这位空姐。此时，空姐心里虽然委屈，但仍然不失职业道德，显得非常有礼貌，而且面带微笑地说道："先生，请允许我再次向您表示真诚的歉意，无论您提出什么意见，我都将欣然接受您的批评！"那位旅客脸色一紧，准备说什么，可是却没有开口。他接过留言本，在上面写了起来。飞机安全降落。所有的旅客陆续离开后，空姐打开留言本，惊奇地发现，那位旅客在本子上写下的并不是投诉信，而是一封热情洋溢的表扬信。

是什么原因使这位挑剔的旅客最终放弃了投诉呢？在信中，空姐读到这样一句话："在整个过程中，你表达的真诚的歉意，特别是你的12次微笑，深深打动了我，使我最终决定将投诉信写成表扬信！你的服务质量很高。下次如果有机会，我还想乘坐你们的航班！"

感悟：有时，真诚的微笑能够弥补我们的过失，消除对方的误会和怨恨。只要对他人绽放你真诚的笑容，他人也会给予你同样的热诚和关爱。别吝啬你的笑容，在你的唇边绽开一束美丽的花朵，世界便会因此而美丽。

寻 礼 之 问

请谈谈微笑对民航服务工作的重要性。

仪态举止是通过表情、手势以及身体动作来表达思想感情的"无声之语"。站、坐、行、蹲、微笑、握手，简单的仪态礼仪却能于举手投足间体现民航人员良好的教养和风度。在工作中，民航人员通过面部表情、身体姿态、手势和动作可以传递信息，这些信息往往比有声语言更有魅力，能起到"此时无声胜有声"的效果，有助于达到职业形象礼仪的更高境界。培根在《论美》中认为："形体之美要胜于颜色之美。"形体之美是一种极富魅力和感染力的美，它能使人在动静之中展现出气质、修养和品格。

仪态举止还是一张"无形的名片"，人们可以由此判断一个人的身份、地位、学识和能力。端庄优雅的姿态，从行为上展示着一个人内在的稳重、聪慧与活力。倘若一个人容貌俊秀，衣着华贵，但没有相应的仪态之美，便会给人一种虚浮粗浅的感觉。举止得体、风度优雅，可以体现乘务员良好的内在素质和修养，从而赢得旅客的尊重和信任。

任务 1　了解民航岗位的微笑

任务目标：

1. 了解微笑的原则和分类。

2. 学会真诚微笑。

微笑，是世界上最美丽的语言，是含义甚广的交际手段，是自信的象征，是礼貌的表示，能充分体现一个人的热情、修养和魅力。微笑也能带给自己良好的心理暗示，营造快乐的氛围。微笑在一刹那间产生，却能给人留下永恒的记忆。真正甜美而非假性的微笑是发自内心、自然大方、真实亲切的微笑。

生活中需要微笑的理由：微笑比紧锁眉头要好看，微笑可令人心情愉悦，微笑可令生活过得有滋有味，微笑有助于结交新朋友，微笑可表达友善，微笑可给人留下良好的印象，微笑可增加自信和魅力，微笑可减少忧虑。

民航人员在工作中要学会微笑，不会微笑的乘务员是不合格的乘务员。与旅客交流时，配合微笑的面容，会让人觉得亲切可信、饱含诚意。

一、微笑的原则

在微笑时，要做到口眼鼻眉相结合，使眼睛略眯、眉毛上扬、鼻翼张开、面肌收拢、嘴角上翘，即眼笑、口笑、心笑，把微笑贯穿于服务过程的始终。笑的时候要精神饱满、神采奕奕、亲切甜美。练习微笑时可以面对镜子，寻找自己最美的时刻。

二、职业微笑的分类

一度微笑：抬起嘴角，上下牙齿紧闭，脸部肌肉放松，一般跟人打招呼时做到这种程度即可。

二度微笑：嘴角上扬，带动面颊肌肉上扬，嘴唇微微张开，与重要的人士会晤时，这样笑能瞬间给人留下好印象。

三度微笑：进一步拉伸面颊肌肉，露出6～8颗上排牙齿，给人以阳光爽朗感。

三、让微笑成为优质服务的名片

（一）微笑能使人充满自信

面带微笑，表明个人对自身能力充满信心。在交往中，面带微笑的人通常具有不卑不亢的态度；在工作中，能处变不惊，使对方获得信任感，能表现真诚友善的态度、积极向上的乐观心态。

（二）微笑能表现敬业乐业

微笑是利用无声语言达到有效沟通的方式。在服务工作岗位中，每天发自内心地微笑，爱岗敬业，恪尽职守，创造出和谐的工作氛围，能够使服务对象倍感愉快和温馨。

（三）微笑能快速建立人际关系

人与人之间交流的隔阂是"陌生"，一个温暖的微笑能快速拉近彼此的距离，微笑是世界上通用的语言，能使双方得到认同，愉快地接受对方。

· 触礼旁通 ·

微笑的训练

（1）食指抵住两边嘴角的外侧，感受嘴角慢慢上扬，保持10秒。

（2）做适中的微笑，嘴角往上扬，保持 10 秒。

图 2-2-1　微笑训练步骤一

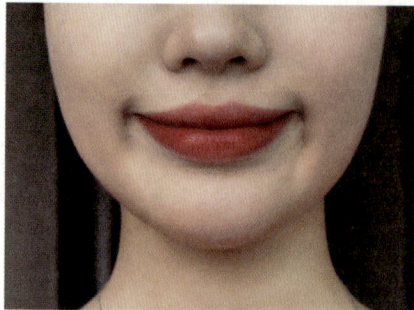

图 2-2-2　微笑训练步骤二

（3）嘴角接平瞳孔的延长线，作大笑状，持续保持 10 秒然后复原。

（4）反复做微笑和松弛状，确保肌肉运动。

（5）最后放松脸部肌肉，露出自己喜欢的笑容。

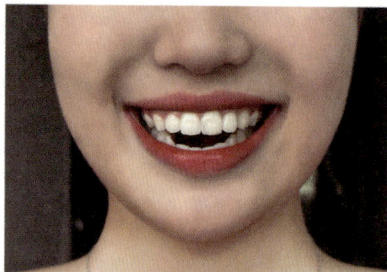

图 2-2-3　微笑训练步骤三

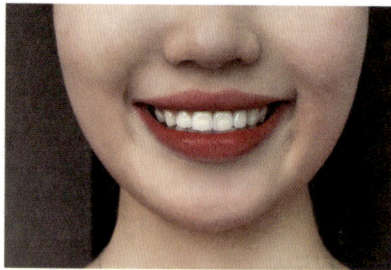

图 2-2-4　微笑训练步骤四

·礼之实践·

1. 发现身边的微笑服务。

2. 将微笑服务的故事和你的感受分享给同学们。

3. 想一想，怎样才能拥有发自内心的微笑？

任务 2　民航岗位的站姿仪态实训

任务目标：

1. 掌握常见站姿的动作要领。

2. 理解站立时的注意事项。

站，是人的静态和动态动作造型的起点和基础，"站如松"是对健美站姿的形象描述。

典雅的站姿能显示出乘务员的自信，衬托出乘务员高雅的气质和风度，给人留下美的印象。

一、常见站姿

根据日常活动的不同需要，我们可采用不同的站立姿势。这些姿势主要通过手和腿脚的动作变化体现出来，主要站姿有标准式站姿、前腹式站姿、后背式站姿。

1. 标准式站姿的动作要领

身体舒展直立，精神饱满，面带微笑，双目平视，目光柔和有神，自然亲切；脖子伸直，头向上顶，下颚略收回。双肩展开自然下沉，挺胸、收腹、立腰、提臀；两臂于裤缝两侧自然下垂，双腿夹紧、膝盖并拢、脚跟并拢，脚尖略分开 30°～50°呈"V"字形。长时间站立或交谈时，将重心落于后脚，以缓解疲劳感(见图 2-2-5)。

2. 前腹式站姿动作要领

(1)女士。

头正、颈直、目平、下颚微收、面带微笑；双肩展开自然下沉，挺胸、收腹、立腰、提臀；双手虎口交叉，右手在上，左手在下，自然垂于腹前脐下，手臂自然弯曲；双腿夹紧、膝盖并拢，脚尖略分开 30°～35°呈"丁"字形(见图 2-2-6)。

图 2-2-5　标准式站姿

图 2-2-6　前腹式站姿

(2)男士。

头正、颈直、目平、下颚微收、面带微笑；双肩展开自然下沉，挺胸、收腹、立腰、提臀；左手半握拳，右手握住左手手腕，置于腹前脐下或皮带扣处，手臂自然弯曲；双脚打开与肩同宽，脚尖向前(见图 2-2-7)。

3. 后背式站姿的动作要领

头正、颈直、目平、下颚微收、面带微笑；双肩展开自然下沉，挺胸、收腹、立腰、提臀；左手半握拳，右手握住左手手腕，背于身后腰下 10cm，手臂自然弯曲；双脚打开与肩同宽，脚尖向前(见图 2-2-8)。

图 2-2-7　前腹式站姿　　　　　　图 2-2-8　后背式站姿

·触礼旁通·

三紧两松

为了保证良好的站姿，站立时还要注意"三紧两松"：站立时腹部收紧，臀部夹紧，女士的膝部内侧靠紧；面部表情放松，呈自然微笑，同时手臂放松，自然下垂。

做到了"三紧两松"，就能保持优雅、大方、得体、规范的站姿。

温馨提示：站累时，一只脚可向后撤半步，身体重心移至后脚，但上体必须保持正直。

二、站立时的注意事项

(1)不可歪头、歪脖。

(2)不可一个肩高、另一个肩低。

(3)不可松腹含胸。

(4)不可不停地摇摆身子。

(5)不可两脚分叉分得太开。

(6)不可交腿斜靠在马路旁的树干、招牌、墙壁、栏杆上等。

三、站姿的基础训练

对站姿的基础训练是一个循序渐进、坚持不懈的过程，我们可以从以下三种方法中选择一种，每天坚持训练 30 分钟。通过积累，养成一个良好的站立习惯和达到正确的身体姿态规范要求。

1. 贴壁法

贴壁法又叫五点贴壁法。顾名思义就是让身体的五个部位紧贴墙壁，此种方法可以改善驼背。具体做法是：

(1)后脑勺、肩胛骨、臀部、小腿、脚后跟贴墙。

(2)下颌收紧，挺胸收腹，两肩保持同高。

(3)墙壁和腰约隔半个拳头的距离，臀部肌肉向内收紧，保持身体平衡。

(4)小腿肚要尽可能地紧贴墙面，双脚并拢。

2. 双膝夹纸法

此种方法可以矫正腿型。具体做法是：

准备一张 A4 纸，找一面墙，后脑勺、肩胛骨、臀部、小腿、脚后跟贴墙，再将纸夹在双膝之间，保持 5 分钟以上。

3. 形体棍顶书法

此种方法可以改善驼背，开肩美背。具体做法是：

将形体棍架成十字形，放置于后背，手臂放置于横棍外侧，背部贴于竖棍；挺胸收腹，臀部、小腿收紧，双脚并拢，头顶一本书保持身体平衡。

· 礼之实践 ·

请按照站姿训练的要求，制定一张训练表，每天训练 30 分钟，并写出训练体会，发现自己的成长和变化。

第一周	第一天	第二天	第三天	第四天	第五天	第六天	第七天
训练时长							
自我评价							

任务 3　民航岗位的手势仪态实训

任务目标：

1. 掌握引导手势的基本要求。

2. 掌握手势的分类及使用范围。

3. 掌握引领手势。

4. 掌握手势运用中的注意事项。

手势作为肢体语言的一种，能直观地表达人的情绪和态度。手是人的第二双眼睛。手势表现的含义非常丰富，比如，举手赞同、摆手拒绝、招手致意、挥手告别、拍手称赞、拱手致谢等。恰当地运用手势传情达意，能够为交际形象增光添彩。

民航岗位手势礼仪是一种动态语，工作人员在岗位中应使用规范手势语表达自己。用错手势会给人造成蔑视对方、没有教养的印象，从而影响彼此的交流。

寻 礼 之 问

> 说说你知道的通用手势语都有哪些？

一、手势的分类及使用范围

低位手势：又称斜臂式手势，身体保持基本站姿，左手自然下垂，右手从右侧抬起，五指并拢自然伸直，掌心斜向上方，手掌与地面呈 45°，腕关节伸直与小臂成一条直线，肘部略弯曲，在腰部及腰部以下位置，一般在指示距离为 1 米左右或指向低位时使用，如请坐、小心台阶等（见图 2-2-9）。

中位手势：又称横臂式手势，身体保持基本站姿，左手自然下垂，右手从右侧抬起，五指并拢自然伸直，掌心斜向上方，手掌与地面呈 45°，腕关节伸直与小臂成一条直线，肘部略弯曲，大臂与身体之间呈 45°，在腰部与肩部之间位置，一般在指示距离为 2～5 米时使用。如请进、这边请等（见图 2-2-10）。

高位手势：又称高臂式手势，身体保持基本站姿，左手自然下垂，右手从右侧抬起，五指并拢自然伸直，掌心斜向上方，手掌与地面呈 45°，腕关节伸直与小臂成一条直线，指尖在肩部与头部之间，不超过头顶，在指示距离为 5 米以上或指向高处使用。如请上楼、小心头顶（见图 2-2-11）。

图 2-2-9　低位手势　　　　图 2-2-10　中位手势　　　　图 2-2-11　高位手势

二、引导手势的基本要求

在为旅客指引方向时，动作舒展自然，配合面部表情及礼貌用语共同使用。任何时候，手势幅度都不要过大或过猛。上身保持直立，五指自然并拢，手心斜朝上，与地面呈45°(女士动作优雅，男士动作略阳刚)，以肘关节为轴，手臂自然弯曲，指向目标方向。面对旅客站立，引导旅客向前、向上、入座等，节奏缓和，气质优雅(见图2-2-12)。

引导时应配合对方步调，在旅客左(右)前侧引领，保持2~3步或1~1.5米的距离。引领时身体侧向旅客，上身略前倾，目光兼顾路面和旅客，可边走边向旅客介绍环境，遇台阶、路面坎坷和转弯时要有提示。

图 2-2-12　引导手势

在引领时目光柔和，热情注视旅客，并微笑；行进过程中，目光兼顾旅客和指引的方向，保持微笑；完成动作后，切记不要立即收回微笑，要保持亲切的微笑。(如果接待的旅客为老人或特殊人群，可以搀扶对方或帮助旅客拿东西，但一定要得到旅客的允许)。

三、手势运用中的注意事项

(1)避免手指不伸直或呈弯曲状态。

(2)避免手臂僵硬，显其生硬。

(3)不可手势与表情不协调。

(4)不可用手指指向别人。

(5)不可手势速度过快。

· 触礼旁通 ·

递接物礼仪

递接物品的基本原则是举止要尊重他人，如双手递物或接物就体现出对对方的尊重。而如果在特定场合下或东西太小不必用双手时，一般要求用右手递接物品。

递接物品的方法及注意事项：递笔、刀、剪刀之类尖利的物品时，需将尖端朝向自己，而不能指向对方。如果有文字和图案，应该将正面朝上，用双手递给他人。接过他人所递物品时，同样要用双手，并对对方说声"谢谢"。

任务 4 民航岗位的行姿仪态实训

任务目标：

1. 掌握行姿要求。

2. 掌握行姿基本要领。

3. 理解行走时的注意事项。

一、行姿要求

行姿，是站姿的延续，是一种动态动作造型。行走是人们生活中有目共睹的肢体语言，"行如风"就是用来形容轻快自然的步态的。静态的美能令人心动，动态的美也能扣人心弦。行姿礼仪的要点是平稳、从容、走直线(见图 2-2-13)。

图 2-2-13　行姿

二、行姿基本要领

(1)上体正直，眼平视，挺胸、收腹、立腰，起步时重心稍向前，行走路线靠右，速度适中，走直线。

(2)双肩平稳，两臂以肩关节为轴，前后自然摆动。前摆约 35°，后摆约 15°，手掌朝向体内，手指自然弯曲。

(3)女子两脚走一条直线，为"一字步"；男子走两条尽量靠拢的平行线，为"平行步"。

(4)一般前脚跟与后脚的脚尖相距应为一脚或一脚半长，但因性别和身高不同会有一定差异。着不同服装，步幅也不同。着裤装步幅大，着裙装(旗袍、西服裙、礼服)和穿高跟鞋时，步幅小些。

三、行走时的注意事项

(1) 不可内八字、外八字行走。

(2) 不可手插衣袋、插裤兜行走。

(3) 不叉腰，不倒背手行走。

(4) 后退时扭头就走是失礼，面向他人时先后退至少两三步，然后转体，步幅宜小。

(5) 不可在路上边走边吃东西。

(6) 在比较狭窄的地方行走时，要主动为旅客让行。

(7) 行走时要主动与对面的旅客打招呼，或点头微笑。

四、行姿的训练

摆臂的练习：左脚在前，右脚在后，相差一个步幅，重心在前脚；跟着节奏和口令前后摆臂进行练习，注意控制肩部的稳定，避免出现左右晃肩现象。每组 4 个 8 拍，练习四组。

膝盖过渡的练习：左脚在前，右脚在后，相差一个步幅；跟随口令，右脚向前迈出一个步幅，体会重心从左脚掌过渡到右脚后跟并逐渐过渡到右脚掌时膝盖用力的过程；左右脚依次交换，注意控制重心和气息，使身体成平稳状态。每组 4 个 8 拍，练习四组。

摆臂与膝盖过渡相结合的训练：将练习 1 与练习 2 相结合，距离逐渐加长，速度由慢变快并达到正常行进的节奏。体会行走中膝盖过渡、摆臂自然、挺胸抬头的要领。

任务5 民航岗位的坐姿仪态实训

任务目标：

1. 掌握坐姿基本要领。

2. 掌握常见坐姿类型。

3. 理解坐时的注意事项。

坐，是一种静态动作造型。坐姿文雅端庄，能够展示一个人的气质与修养。优美的坐姿，可给人稳重大方的美感。

一、坐姿基本要领

坐姿礼仪的要点是：轻、稳、缓。上身保持身体直立、面部自然、四肢摆放规范。从左侧落座，可坐椅子的三分之一到三分之二处，给人一种积极热情、尊重他人的印象和良好的风范。

入座顺序：尊长优先，以示尊重；平辈、亲人、同事之间，可以同时入座。正式场合，应注意看清座次安排，依次入座。

入座离座原则：在正式场合，应讲究入座离座的方位，一般原则为左进左出。

温馨提示：在服务工作中，应起身相迎、相送，坚持站迎服务。

二、常见坐姿

在日常生活中，不同的场合可选用不同的坐姿，展现优雅、自信的自己。

标准式坐姿。上身端正，与站姿要求相同。保持三个90°，即上身与大腿、大腿与小腿、小腿与地面，都应当成直角。女士双膝双脚自然并拢，手掌自然叠放，右手在上，左手在下（见图2-2-14）；男士双膝自然分开与肩同宽（也称平行式坐姿），手掌自然平放在双腿上（见图2-2-15）。这种坐姿是基本的坐姿，适用于正规的场合。

图 2-2-14　标准式坐姿　　　　　图 2-2-15　平行式坐姿

女士坐姿通常还包括曲直式、侧腿式、重叠式等，这几种坐姿均以标准式坐姿为基础，上身与双手保持不变，双膝始终并拢。一腿后撤，另一腿保持不变为曲直式（见图2-2-16）；双腿左移或右移，与地面呈45°，为侧腿式（见图2-2-17）；在侧腿式基础上双腿叠放，脚面绷直，脚尖向下，为重叠式（见图2-2-18）。

图 2-2-16　曲直式坐姿　　　　图 2-2-17　侧腿式坐姿　　　　图 2-2-18　重叠式坐姿

三、坐时的注意事项

(1)入座离座时椅子声音不可过大。

(2)不可将一条小腿架在另一大腿上,留出大空隙。

(3)不可将腿放在桌椅上或腿部抖动摇晃。

(4)不可双腿叉开过大或直伸出去(身体前方有桌子时尽量不伸到桌腿外面)。

(5)不可用手触摸脚部、抚摸小腿或用脚自脱鞋袜。

(6)不可坐满座位,身体不可前倾或后仰。

四、坐姿的训练

以 6～8 人为一个小组,编排队形进行坐姿展示。要求:

(1)从左侧入座、从左侧离开座位。

(2)入座时轻、稳、准。

(3)女士坐姿展示不少于 4 种,男士不少于 3 种。

(4)动作统一、整齐,坐姿熟练、规范。

任务6　民航岗位的蹲姿仪态实训

任务目标：

1. 掌握民航人员蹲姿基本要领。

2. 掌握常用蹲姿类型。

3. 理解蹲时的注意事项。

　　蹲，是人们在特殊情况下采用的一种暂时性的姿态。当腰弯至低于 45°以下时，必须采用蹲姿。除非工作需要，否则任何时候都不要采用蹲姿工作或休息。蹲姿要点：迅速、美观、大方。

　　民航工作人员用到蹲姿的场合比较多。比如，与小朋友或者老年人沟通时，会采用蹲姿，给人以亲切、关怀的感觉；从餐车下方拿取餐食时会采用蹲姿；捡拾客舱地板上的东西时会采用蹲姿等。乘务员常用的蹲姿包括两种形式：高低式蹲姿、交叉式蹲姿。

一、民航人员蹲姿基本要领

　　下蹲拾物时，应自然、得体、大方，不遮遮掩掩。下蹲时，两腿合力支撑身体，避免滑倒。下蹲时，应使头、胸、膝关节保持一定的角度，使蹲姿更优美。

二、常用蹲姿

1. 高低式蹲姿

　　(1)下蹲时，一脚后撤半步，左（右）脚在前，右（左）脚稍后，抬起后脚跟，女士两腿靠紧向下蹲，蹲下后双手交叠，放置于两腿缝隙间，起到遮盖作用，以免走光（见图 2-2-19）；男士则双腿分开与肩同宽，上身保持正直，蹲下后双手放置于双膝处。

　　(2)需拾起物品时，可适时转动身体，一只手捡拾物品，另一只手保持原状，起身后还原标准站姿。

图 2-2-19　高低式蹲姿

2. 交叉式蹲姿

　　一般用于女士。下蹲时，一脚后撤半步，左（右）脚在前，右（左）脚在后，左（右）小腿垂直于地面，全脚着地。右（左）膝由后面伸向左侧，右（左）脚跟抬起。两腿靠紧，合力支撑身体。臀部向下，上身稍前倾，蹲下后双手交叠，放置于两腿缝隙间，起到遮盖作用，以免走光（见图 2-2-20）。

三、蹲时的注意事项

　　(1)不可两腿展开平衡下蹲。

　　(2)下蹲时注意内衣不外露。

　　(3)蹲下时不可离他人太近，以免产生压抑感。

　　(4)蹲下时，不掉鞋跟。

图 2-2-20　交叉式蹲姿

· 礼之实践 ·

训练项目	训练目的	训练内容	训练形式	分值	评价方式
微笑训练	通过训练让学生掌握微笑技巧，显得更加亲和	工作岗位中的微笑表达	分组进行交叉练习	20	组内评价教师评价
站姿训练	通过训练规范学生站姿	手位练习 脚位练习 常见站姿练习(标准式、前腹式、后背式)	分组进行交叉练习	10	组内评价教师评价
手势训练	通过训练让学生掌握并运用常见职业手势	请进、请坐、里面请、请往里走、拿递物品	分组进行交叉练习情境模拟	20	组内评价教师评价
行姿训练	通过训练规范学生行姿	男士平行步 女士一字步 常规步(靠右、遇来人、向人告辞)	分组进行交叉练习	20	组内评价教师评价
坐姿训练	通过训练规范学生坐姿	入座练习 离座练习 常见坐姿练习	分组进行交叉练习	20	组内评价教师评价
蹲姿训练	通过训练规范学生蹲姿	高低式蹲姿 交叉式蹲姿	分组进行交叉练习	10	组内评价教师评价

· 思政园地 ·

　　体态语言学大师伯德惠斯·戴尔的研究成果表明：在两人的沟通中，有65%的信息是通过举手投足来表达的。行为举止的信息负载量远远大于有声语言，且常常比有声语言更真实。它们能够表达有声语言所不能表达的情感，比有声语言更简洁生动。

· 项目自测 ·

　　1. 与宾客挥手作别后，应(　　　)。

　　A. 站在原地，待车辆消失在视线范围内之后才能缓慢离开

　　B. 立马转身离开

　　C. 与旁边的同事交流

　　D. 放松身体

2. 今天你代表公司出席会议,到达会议厅时大家已就座。突然遇见一位朋友,距离约 5 米,他向你表达问候,此时你应(　　)。

A. 立马站起来,挥手示意

B. 微笑点头示意

C. 从会议厅中间穿过去,握手示意

D. 打通电话示意

3. 面试时,以鞠躬礼问好的身体弯曲度数应为(　　)。

A. 15°　　　　　　　B. 30°　　　　　　　C. 45°

4. 简述前腹式站姿的要领。

5. 简述入座与离座的基本原则。

模块三　民航沟通礼仪实训

项目一　民航职场沟通

项目描述

　　李丽在参加心仪公司的面试前做足了准备，并在面试中通过良好的姿态给人非常有修养、有礼貌的感觉。可是，在和面试官沟通时她发现自己非常紧张，总是不能很好地理解面试官的提问和要求，在面试官向她展示沟通服务案例并请她发表看法的时候，她也很懵。李丽意识到自己的沟通能力还有待提高，迫切希望通过学习，了解民航职场沟通的特点，学会与同事和旅客的相处之道。本项目将学习如何与旅客进行沟通，提高民航服务人员的思想道德水平和科学文化素养。

礼在身边

　　出门在外，旅客对民航服务人员有极大的依赖。民航服务人员担负着保障旅客安全的责任，承担着照顾旅客的义务，因此，要用温馨的语言和温暖的服务，让旅客感受到旅途的愉快，而沟通则是开启人际交往的重要钥匙。

任务1　民航职场沟通认知

任务描述：

1. 了解民航沟通的特点。
2. 认识民航沟通的作用。
3. 掌握上下级沟通的方法。

一、民航职场沟通概述

　　民航沟通一般包括塔台指挥中心与乘务组的沟通、空中乘务组在客舱内与同事及旅客的沟通、地面服务人员在机场大厅与同事及旅客的沟通等。

沟通无处不在。民航职场沟通既包括如何发表自己的观点，也包括如何倾听他人的意见。职场沟通方式多种多样，除了面对面的交谈，一个电话、一封邮件，甚至是非语言沟通中的一个微笑、一个眼神、一个肢体动作都是沟通的手段。

不同的企业文化、不同的管理制度、不同的业务部门，沟通风格都会有所不同，我们要顺应民航业的安全性、快速性、机动性、国际性等特征，实现有效沟通。

二、民航人员与旅客的沟通技巧

（一）对初次乘机的旅客

初次乘坐飞机，旅客既好奇又紧张。为满足旅客的好奇心，乘务员要主动为他们介绍本次航班的情况，如机型、飞行高度、坐标等。初次乘坐飞机的旅客缺少乘坐飞机的常识。一方面，乘务员要耐心地介绍，不要嘲笑他们，避免使旅客感到自卑；另一方面，乘务员还要通过亲切交谈分散他们紧张的情绪，使他们感到乘坐飞机是安全的。

（二）对重要旅客

一般来说，重要旅客（Very Important Person，VIP）有着特定的身份和地位，他们比较典型的心理特点是自尊心强、自我意识强烈，希望得到应有的尊重。与普通旅客相比，他们乘坐飞机的机会较多，会在乘机的过程中对不同航司的空乘服务作有意无意的比较。民航服务人员在为他们提供服务时要态度热情、语言得体、落落大方，针对他们的心理需求采用相应的服务。记住旅客的姓或名，主动与其打招呼，称呼要得当，根据马斯洛的需要层次理论，使用称呼时要遵循就高不就低的原则，让旅客觉得备受重视。

例如，重要旅客一上飞机，乘务员应能准确无误地用他们的姓氏和职务来问候他们；当重要旅客递给乘务员名片时，乘务员应当面读出来，使他们在心理上产生一种满足感；乘务员要注意与旅客进行沟通，使他们的整个旅程都沉浸在愉悦的心情中。

（三）对老年旅客

老年旅客最关心航班的安全问题，尤其在飞机起落时。因此对老年人进行服务时要细致，与老年人讲话语速要慢，音量要略大，应主动关心他们需要什么服务，洞察并及时满足他们的心理需求，尽量消除他们的孤独感。

（四）对生病旅客

还有一些生病的旅客以及在乘机过程中突然发病的旅客，他们与正常的旅客相比自理能力较差，迫切需要得到乘务组的照顾。民航服务人员一定要密切关注他们，对他们体贴、耐心，必要时可动员机场的其他旅客予以支援和帮助。遇到需抢救的重症患者，要提前与机场和医院取得联系，让救护车把病人及时送到医院，争取抢救时间。对病情较轻的旅客或中途患感冒的旅客，需要在机上给予救助，控制病情，并密切注意病情变化，防止病情恶化。对待他们一定要真诚，真诚地安慰他们、帮助他们。

（五）对挑剔旅客

飞机上偶尔有个别比较挑剔的旅客，他们对服务和设备以及餐饮等会提出难以达到的要求。在与旅客沟通的过程中，务必要记住以旅客为中心，放弃自我中心论。做到心平气和、不乱发牢骚，这样不仅自己快乐，旅客也会心情愉悦。

对此，民航服务人员一定要耐心、不急躁，以平静的心态听旅客的倾诉，用热心、周到的服务，使旅客的心情慢慢地平静下来，不要急于解释和辩解，避免引起旅客更大的反感。

三、优质服务的"五心"沟通

（一）责任心

责任心就是一种自觉地把分内的事情做好并愿意承担相应责任的情感。民航工作既是服务工作，也是安全工作，既关系到航空公司的服务水平，也关系到旅客生命和国家财产安全，责任重大，需要民航服务人员以高度的责任心认真对待。可以说，责任心是一名民航服务人员应该具备的基本条件。

（二）爱心

民航服务人员的爱心体现为对航空服务工作本身的热爱。熟悉民航服务工作的人都知道，看似高雅、轻松的工作实际是劳累和枯燥的工作，具体地说，对民航事业的热爱就是要甘于平凡、乐于助人；要能够从枯燥的安全检查中，认识到简单的动作对于众多旅客生命和国家财产的重要性；要能够从繁复累赘的服务中感受到人性关怀的温暖；要能够从日复一日的迎来送往中体会到人与人的尊重，从而真正理解民航服务的意义。只有对民航事业充满热爱，才能吸引民航服务人员积极了解民航服务工作的有关知识，激发内在动力，提高工作效率，克服工作中的各种困难。

（三）包容心

一个好的民航服务人员一定是一个可以包容旅客"过失"的人。旅客作为相对的"自由人"，可以在法律法规允许的范围内提出自己的需求，宣泄个人的情绪。有时，这些需求和情绪可能超出普通人的心理承受范围，给别人带来伤害。而民航服务人员必须能够包容这些言行，要具有超过普通人的对伤害的接受度——这就考验着民航服务人员的包容心。

（四）同情心

同情心就是当他人有困难或遭到不幸时，自己的内心世界产生的一种不好受、怜悯，进而想在道义上、方法上或物质上帮助他人解决困难的内心感受，是感人之所感，甚至是人与人之间的一种互相的"心灵感应"。如果把爱心比喻成宽广的大海，同情心就是那海面上一朵朵美丽的浪花，蔚蓝的海面令人平静，而洁白的浪花使人激动。服务工

作面对的旅客来自天南海北，他们有着不同的背景和经历，当他们聚集在客舱这个特殊的空间里，会有各种不同的心理感受。一般来说，初次乘机的旅客希望得到民航服务人员不动声色、及时的指点来化解紧张的情绪和茫然的感觉；生病的旅客需要特意的关照和问候来克服不安、缓解病痛；老年旅客需要及时的帮助以避免因行动不便造成的困难和尴尬……富有同情心的民航服务人员应从旅客的举止言谈中敏锐地察觉到不同旅客的困难和需求，从而及时提供细心的、周到的、有针对性的服务。在服务实践中，有很多例子证明：富有同情心的民航服务人员能够很好地展示服务的魅力，从而使服务工作达到令人"动心"的效果。

（五）耐心

耐心是民航服务人员在工作中化解矛盾的一种重要素质。要使旅客在旅程中愉快、自然地配合民航服务人员的工作，需要我们不厌其烦地关注和满足旅客的合理需求，及时化解出现的问题和矛盾，努力营造一种积极解决问题的氛围从而感染旅客。尤其是在航班飞行异常以及旅客情绪激动等情况下，更需要空乘人员以极大的耐心来安慰旅客。

四、沟通的语言技巧

（一）礼貌用语

根据使用场合的区别，礼貌用语分为问候语、迎送语、道歉语、征询语、请托语、祝贺语、应答语七种类型。

1. 问候语

问候语常用于人们在公共场合初次见面时，彼此致以问候、表达关切之情。比如，在客舱服务中，当旅客进入舱门时，乘务员应微笑面对旅客并说："您好。"

2. 迎送语

迎送语主要指航空服务人员在欢迎和送别旅客的过程中使用的语言。初次见面时使用欢迎用语，如"欢迎您""欢迎登机""欢迎您选择乘坐本次航班"。道别语是在送别的时候使用的礼貌用语，如"再见""请慢走""祝您旅途愉快"。在使用语言的同时还需要加上注视礼、微笑礼、点头礼、鞠躬礼等相关礼仪，给旅客留下专业优质的第一印象。

3. 道歉语

道歉语是航空服务人员对旅客表达歉意时使用的礼貌用语，如"抱歉""对不起""不好意思""打扰一下""请多包涵""给您带来不便请您谅解"等。当然，实际工作中还需要根据实际，搭配其他相关的辅助语言加以解释说明，通过真挚的情感及语言，消除误会或获得旅客的理解，挽回工作损失，维护企业形象，方便后续开展工作。

4. 征询语

征询语是在服务过程中就某件事情的发展走向或者对某事物的选择向旅客进行征询

而采用的礼貌用语。例如，在向旅客提供帮助与服务时常常使用"请问您需要帮助吗""您好，能为您做点什么吗""您好，请问您需要哪种饮料""请问您需要小毛毯吗"。

5. 请托语

请托语通常指的是在请求他人帮忙或是托付他人代劳时使用的礼貌用语。在服务过程中如需请求旅客帮忙，应使用礼貌用语，说话前都要加上一个"请"字，或者礼貌地说"麻烦您""拜托您"。例如，"先生您好，飞机马上就要起飞了，麻烦您将座椅靠背调直""您好，飞机马上起飞了，请将手机关机或调整为飞行模式""您好女士，请将小桌板收起"。使用此类用语时需要注意语气应柔和不能生硬，更不能用命令式的口吻来说。

6. 祝贺语

在服务中，从业人员应根据场合适时地对客人表示祝贺，如"节日愉快""祝您旅途愉快""祝您身体健康"等。

7. 应答语

民航服务人员所使用的应答语往往直接反映其服务态度、服务技巧和服务质量。当旅客提出需求时，服务人员应及时回应要求，并有效地提供帮助和服务，重要的是，在服务过程中不可对客人的要求置之不理。

寻礼之问

> 在工作中，当民航服务人员遇到客人提出的要求或问题自身无法满足或解决时，该如何回答？

(二)服务忌语

1. 不当称呼

称呼受传统习俗、地域文化等影响，有着一定的讲究。民航服务人员要尊重环境场合、风俗习惯，恰如其分地与对方打招呼，不可不顾一切地乱叫一通，应注重相应的环境和服务的对象，采取准确且恰当的称呼。不当的称呼不仅不能拉近与旅客之间的距离，反而还会在第一时间使旅客产生抵触的情绪。

2. 冷漠、不耐烦、推托的语句

千万不要说出冷漠、不耐烦和推托的语句，将旅客拒于千里之外，这样不仅会让旅客感到茫然无助，甚至可能会招来投诉。

3. 责问的语句

民航服务人员非常了解相关的政策规定和要求，而旅客却不甚理解，因此民航服务人员应该耐心为旅客解释，安抚旅客，而不是针对不当行为对旅客加以斥责和责问。

4. 讥讽、轻视的语句

在与旅客交谈的过程中，不要轻率地给旅客下定论，并表现出不屑的情绪。不要做出"堵嘴""翻白眼""叹气"等行为举止。

5. 催促命令式的语句

民航服务人员应该对旅客充满耐心，并且在交谈过程中使用请托语句，加上"麻烦您""请"，切忌使用命令式的口气催促、命令旅客。

6. 随意下结论的吓唬语句

民航服务人员应该具备相关的职业道德素养，多为旅客着想，不能利用自己的专业性和旅客对相关规定的不了解，欺瞒、恐吓旅客。

（三）与旅客对话时的注意事项

（1）说话时注意面向旅客，注视对方的"三角区"，即鼻子和双眼之间。

（2）音量适度，不大声喧哗、语惊四座，也不要凑到旅客身边小声嘀咕。讲话吐字清楚，声音悦耳。

（3）要垂首恭立，距离适当，不要倚靠其他物品；举止温文尔雅，态度和蔼可亲。

（4）能用语言讲清楚的，尽量不用手势。若必须用手势，动作幅度不要太大，更不要用单手指人。要进退有序，一定要先退一步，然后再转身离开，不要扭头就走。谈话时若遇到急事需要离开或及时处理的，应向对方表示歉意。

（5）与旅客谈话时，不要忘乎所以，谈话内容不要涉及个人隐私，即使谈论工作，也要掌握分寸。谈话时应该保持情绪平稳，尤其语言要有节制，不要喋喋不休、唾沫四溅。

（6）如果与旅客有不同意见，不要固执己见、蔑视旅客，而要保持协商的口吻与其沟通。不要轻易打断旅客的话，自己说话的时候也不要滔滔不绝、旁若无人，要给旅客发表意见的机会。

寻礼之问

在服务过程中，需要避免使用哪些手势？

·思政园地·

"做人先学礼"，礼仪必须通过学习、培养、训练，才能成为人们的行为习惯。善于沟通首先要善于倾听，沟通是实现人与人的尊重，培养包容心、耐心的重要途径。只有在沟通中提升礼貌修养，学会换位思考，才能不断提升服务质量，为祖国民航事业的发展、为社会的和谐发挥重要的作用。

任务 2 民航服务沟通实训

任务目标：

1. 了解民航服务中有关沟通的案例。

2. 从案例中分析实践经验。

一、实训案例一 同事相处

王鑫是某航空公司人力资源部的一名员工，人比较随和，不喜争执，和同事处得都比较好。但是，前一段时间，不知道为什么，同一部门的李响老是处处和他过不去，有时候故意在别人面前指桑骂槐，与他合作工作时也都有意让王鑫多做，甚至还抢了王鑫好多业务。

起初，王鑫觉得都是同事，没什么大不了的，忍一忍就算了，但是，看到李响如此嚣张，于是，一赌气，王鑫将李响告到了机场人力资源部总经理那儿。经理把李响批评了一通，但从此王鑫和李响成了绝对的冤家了。

寻礼之问

请同学们讨论一下，如果你是王鑫，应该如何应对？

分析：王鑫遇到的是在工作中常常出现的问题。在一段时间里，同事李响对他的态度大有改变，这应该是让王鑫有所警觉的，他本应该留心是不是哪里出了问题。但是，王鑫只是一味地忍让，而忍让不是长久之计，更重要的应该是多沟通。王鑫应该考虑是不是李响有了一些什么想法，从而使二人之间有了一些误会，才让李响对自己的态度变得这么恶劣，他应该及时和李响进行沟通，如问问李响是不是自己什么地方做得不对，让他难堪了之类的。实际上任何一个人都不喜欢与人结怨，此时若及时解决，也许他们之间的误会和矛盾就会消失了。

王鑫在忍不下去的时候，选择了告状。在这里，王鑫、总经理、李响三人犯了同样的错误，那就是没有坚持"对事不对人"，总经理做事也过于草率，没有起到应有的调节作用，他的一番批评反而加剧了二人之间的矛盾。正确的做法是把双方之间的误会、矛盾解开，秉着以事业为重，加强员工的沟通来处理这件事。这样做的话，结果肯定会好得多。

精通"人际沟通技巧"不是为了把别人踩在脚下，而是为了减少工作中的阻力。职场是一个大舞台，纷繁复杂。一个人在社会上难免会与人产生矛盾，难免会出现这样或那

样的不愉快。有了矛盾怎么办？出现了问题怎么处理？这就需要我们多沟通，多交流。沟通是一盏指明灯，可以随时校正我们航行的方向。正是因为有了沟通，语言才显得那么美丽飞扬。

二、实训案例二　公司奖励事件

某机场集团为了奖励机场客服部的员工，制订了一项巴厘岛旅游计划，名额限定为8人。可是10名员工都想去，部门经理需要再向上级领导申请2个名额。如果你是部门经理，你会如何与上级领导沟通呢？

部门经理对上级领导董总说："董总，我们部门10人都想去巴厘岛，可只有8个名额，剩余的2人会有意见，能不能再给2个名额？"董总说："筛选一下不就可以了吗？集团已经为此花费不少了，你们怎么不多为集团考虑？你们呀，就是得寸进尺。我看这样吧，你们做部门经理的两个人，明年再去。问题不就解决了吗？"

寻礼之问

1. 请分析本案例中部门经理和上级沟而不通的原因。
2. 董总的解决办法有哪些问题？

三、实训案例三　紧急迫降

2019年11月25日祥鹏航空8L9564赣州至昆明航班，在飞机起飞10分钟后，一名女性旅客起立往后走表示自己想去卫生间。由于当时飞机尚未平飞，乘务员吴德丽便引导旅客在最后一排就座，提示她飞机平飞后方可使用卫生间。大约十分钟后，当乘务员刘娜前来提示旅客可以使用卫生间时，发现旅客出现腹部疼痛的情况。刘娜随即为旅客倒了一杯热水并不断进行安抚，了解旅客的情况，随后将此事汇报给乘务长，乘务长第一时间广播寻找医生。

由于当时机上寻求医生未果，旅客表示腹痛难耐急需救助，秉承着生命至上的原则，最终机组与公司共同决定飞机备降桂林，并申请桂林机场提供急救等相关援助。

飞机降落在桂林机场后，医务人员上机用轮椅将旅客抬下飞机。当时旅客脸色已有些发白、唇色发紫，医务人员为其测量血压，一切正常。后经过救治，旅客最终平安无事。

寻礼之问

本案例中，请点评乘务人员的行为。哪些地方值得我们学习？

·触礼旁通·

通过对以上案例的分析与讨论，您在职场沟通和民航沟通上有什么收获呢？一起来测试一下吧！

测试一 职场沟通能力测试

（一）情景描述

1. 如果你的朋友和你发生了争吵，你将怎么办？

A. 不理他，断绝朋友关系

B. 暂时不谈这个问题，求同存异，以后再说

C. 请两个人共同的好朋友劝和，打破僵局

2. 你听说有同事向领导打你的小报告，你会怎么办？

A. 直接冲到那个同事面前，和他大吵一顿

B. 向领导说明情况，请领导调查真相

C. 清者自清，不去理睬，和以前一样干好工作

3. 如果父母性格不合，经常吵架，你会怎么办？

A. 大声威胁他们：再吵我就搬出去住

B. 少回家，乐得清静

C. 在父亲面前夸母亲，在母亲面前夸父亲，设法增进他们的感情

4. 同事跟你炫耀她买了一条新裙子，其实你觉得很一般。看着她兴高采烈的样子，你会怎么做？

A. 直接告诉她裙子不怎么样

B. 微笑着倾听，不说话

C. 告诉她这条裙子比她之前买的那条要好看

5. 同事们一起在外聚餐，你到达后会做什么？

A. 赞美饭店的豪华或者菜肴的精美

B. 看看椅子、餐具是否足够

C. 看看人是否到齐，招呼后来的人

6. 坐公交车的时候，你一般习惯于做什么？

A. 坐着睡觉或发呆

B. 看看站在旁边的人

C. 看窗外的景色，发现一些新开的店

7. 上了公交后你发现自己没带零钱，你会怎么办？

A. 偷偷地躲在人堆里

B. 急着下车

C. 跟司机说明情况，希望免掉车费

8. 同事带来家乡特产和你分享，你会怎么做？

A. 客气地拒绝，说自己不习惯吃这些

B. 表达感谢并且接受

C. 接受并且之后也带零食和同事分享

9. 领导交给你一项本来不归你管的任务，你会怎么办？

A. 很迟疑，流露出想拒绝的意思

B. 不由得答应下来，能不能办好就不管了

C. 从领导那里尽量获得有关信息，私下请教同事，力求做好

10. 同事讲了一个你以前就听过的笑话，你会表现出什么样的反应？

A. 立马说："哈，这个我早就听过了！"

B. 微笑不语

C. 哈哈大笑

（二）评分标准与结果分析

此测试为计分式，选 A 得 1 分，选 B 得 2 分，选 C 得 3 分，最后将每道题的得分相加。

1. 得分 10～15 分，职场沟通力：20 分。

你的职场沟通力还停留在有待及格的级别哦！请多多观察那些人缘好的人是怎样说话做事的吧，不然想晋升可是有些困难哦！

2. 得分 16～20 分，职场沟通力：50 分。

你还在及格的分数线左右徘徊哦！你和同事的关系不咸不淡，你的工作职位也不高不低，很大原因在于你并不是那么会察言观色。如果你能在人际关系上加点油，相信你会有更大的发展！

3. 得分 21～24 分，职场沟通力：70 分。

不错呀，你也算是一个情商高、善解人意、体贴同事的人啦！虽然你说不上是八面玲珑，但在公司也算是人缘非常不错的一个人了，只需多多注意一些小细节，你很有潜力成为职场红人。

4. 得分 25～30 分，职场沟通力：99 分。

恭喜你获得如此高的分数！显然你是一个情商智商双高、处事周详、为人和善的人！无论面对怎样的情况，你基本上都知道如何寻找最圆满的解决办法。

测试二 与上级沟通能力测试

（一）情景描述

遇到如下的情景你会怎么做？请根据沟通情况打分。"一贯如此"得 3 分，"经常如此"得 2 分，"很少如此"得 1 分，最后将每道题的得分相加。

1. 领导布置任务后，你会马上处理。

2. 同事想出了一个点子，领导赞扬这是绝妙好计，你会说："这主意真不错。"

3. 领导问了你某个与业务有关的问题，而你不知该如何回答，你会说："让我再认真地想一想，15 点以前给你答复好吗？"

4. 面对批评表现冷静："谢谢你告诉我，我会仔细考虑你的建议。"

5. 和领导交谈，选择领导心情愉悦、精力充沛的时候。

6. 向领导汇报工作前已准备好了详细的资料和数据。

（二）评分标准及结果分析

得分 13～18 分：能在工作中很好地运用沟通技巧，领导也很欣赏你。

得分 5～12 分：你已经掌握了一些沟通技巧，你的领导会认为你是一个有潜力的人，但是还需要不断努力。

得分 5 分以下：你需要学习一些和领导沟通的技巧了。适当改善一下沟通方式，会使你充分地展示自己的才能，争取更广阔的发展空间。

测试三 与同事的沟通能力评价

（一）根据情景描述进行选择。

1. 面对同事的缺点和错误，你会（   ）。

A. 委婉沟通，引导对方发现

B. 直言相告

C. 和自己毫无关系

D. 当面不说，事后和别人谈起

2. 发现同事的优点或同事取得了成绩，你会（   ）。

A. 及时赞美和祝福

B. 非常关心，想要向他学习

C. 羡慕

D. 心存嫉妒

3. 当你听到同事在你面前说其他人坏话的时候，你会（   ）。

A. 不传话，只是静静地听

B. 当面制止

C. 当面制止，并指出同事的缺点

D. 当面不说，事后悄悄告诉被诋毁的那个人

4. 请求与自己关系很好的同事帮忙时，你（   ）。

A. 礼貌、委婉

B. 有外人在时礼貌，二人单独在一起时直接说

C. 都很直接

D. 以命令的口吻

5. 你参加了老同学的婚礼，而你的朋友对婚礼很感兴趣，你会（   ）。

A. 详细叙说从你进来到离开时所看到和感觉到的相关细节

B. 说些自己认为重要的

C. 朋友问什么就答什么

D. 感觉很累了，没什么好说的

6. 由于单位需要，你和同事需要乘长途汽车去另一个地方，车程是 10 小时。而与你同行的是一个不爱多讲话的同事，你会（   ）。

A. 试图了解他，找出他感兴趣的话题

B. 主动沟通，找出共同话题

C. 和他交谈，谈谈自己的感受

D. 看书、睡觉或吃东西

7. 你刚就任一家航空公司地面服务部主管，上班不久，你了解到本来公司中有几个同事想就任你的职位，总经理不同意提拔他们才招聘了你。对这几个同事，你会（   ）。

A. 主动认识他们，了解他们的长处，争取成为朋友

B. 不关心这个问题，做好自己的本职工作就好

C. 暗中打听他们，了解他们是否还会和你竞争

D. 暗中打听他们，并找机会为难他们

8. 与不同身份的对象讲话，你会（   ）。

A. 不管是什么场合，你都用一样的态度与之讲话

B. 在不同的场合，你会用不同的态度与之讲话

C. 与地位高的人说话，你总是有点紧张

D. 与地位低的人说话，你总是漫不经心

9. 听别人讲话时，你总是会（　　）。

A. 对别人的话表示感兴趣，记住所讲的要点

B. 请对方说出问题的重点

C. 对方老是讲些没必要的话时，你会立即打断他

D. 对方不知所云时，你会很烦躁，就去想或做别的事

10. 当你在发表自己的看法，别人却不想听你说时，你会（　　）。

A. 仔细分析对方不想听的原因，找机会换一个方式去说

B. 等等看还有没有说的机会

C. 就不说了，但你可能会很生气

D. 马上气愤地走开

11. 当你和同事产生误会时，你会（　　）。

A. 主动、及时找对方沟通，消除误会

B. 通过第三方协调，消除误会

C. 等候对方找自己消除误会

D. 怀恨在心，找机会给对方点颜色看看

12. 当你进入一家新公司时，你认识新同事的方法是（　　）。

A. 找机会主动介绍自己，认识每一个人

B. 积极认识本部门的人

C. 在工作中慢慢熟悉

D. 等待别人来认识你

以上各题，选 A 得 3 分，选 B 得 2 分，选 C 得 1 分，选 D 得 0 分，最后将每道题的得分相加。

（二）评分标准及结果分析

得分为 28 分以上：你与同事的沟通能力很好，请继续保持。

得分为 18～28 分：你与同事的沟通能力一般，请努力提升。

得分为 18 分以下：你与同事的沟通能力十分欠缺，需要努力提升。

· 思政园地 ·

　　拥有良好的沟通能力，不仅可以使我们在民航工作岗位上蒸蒸日上，也可以美化生活；用发现美的眼光对待身边的同事、朋友，你会发现路越走越宽广。良好的沟通会提高我们的思想觉悟，同时提升我们待人接物的能力和水平。

· 礼之实践 ·

　　学完本项目内容，请谈谈你在生活学习中沟通的方法和不足之处。

· 项目自测 ·

　　1. 简述与同事沟通的技巧。

　　2. 简述工作中分歧的处理方式。

　　3. 简述与生病旅客的沟通方法。

　　4. 民航服务人员与人沟通的原则应包括(　　)。(多选题)

　　A. 爱心　　　　　　　B. 责任心　　　　　　C. 包容心　　　　　　D. 同情心

　　5. 与重要旅客该如何沟通？谈谈你的见解。

　　6. 沟通中"五心服务"是指哪五心？

✈ 项目二　民航旅客投诉应对技巧

● 项目描述 ●

　　李丽在学习中发现处理民航旅客投诉是一件很棘手的事情，她总是想，为什么旅客会投诉呢？怎样减少投诉呢？如果发生投诉了该怎样处理呢？本项目旨在帮助学习者了解旅客投诉的原因，掌握处理投诉的基本原则和策略，并训练和培养妥善处理民航投诉的技巧和能力。

● 礼在身边 ●

民航服务人员正确有效地处理旅客投诉

　　由于飞机发生机械故障，某航司将南京至北京的几十名延误旅客转至搭乘另一个原本只有几十名旅客的航班，合并后航班满员。但因旅客较多，延误航班上原有的商务舱旅客只能在普通舱就座，尽管乘务组已经尽量将这部分旅客安排到相对理想的座位，但旅客的不满情绪仍然很明显，不过为了能早日到达目的地，这些旅客不得不接受了乘务组的安排。

　　航程中，当乘务员在为旅客发放饮料做准备时，一名情绪激动的旅客冲进服务间阻碍乘务员工作。发现问题后，乘务长第一时间赶了过来，听见这位中年旅客正在大声斥责："你们是什么态度！我想要毛毯，按了两次呼唤铃，乘务员都没有给我。我要投诉你们。"

　　原来，这位是从商务舱调整到普通舱的旅客，因为感觉空调温度太低，找乘务员要毛毯，乘务员了解需求并回工作间取毛毯的过程中，遇到同事在进行餐饮准备，乘务员就顺便帮同事做起了备餐工作。

寻礼之问

　　1. 您认为旅客的投诉有道理吗？

　　2. 如果你是这名乘务长，你会怎么处理该投诉呢？

任务 1　旅客投诉原因认知

任务目标：

1. 了解旅客投诉的概念。

2. 了解旅客投诉的原因。

3. 理解正确处理旅客投诉的意义。

一、旅客投诉的概念

旅客投诉是指旅客通过信函、电话、传真、来访等形式反映产品或服务质量问题的行动。

民航服务中难免出现一些不可预知的突发状况，而对这些突发状况的处理若不当，有可能会引起投诉或其他连锁的反应，直接或间接影响我们的服务，进而影响服务评价和服务品质。以刚才的空乘服务为例，商务舱旅客被安置到普通舱后，旅客本来就容易出现情绪上的波动。乘务员如果不能细心地提供服务，会直接影响商务舱旅客对航空公司品牌的信任，引起投诉，从而影响旅客未来的航行选择。

旅客投诉在一定程度上反映了航空公司的服务态度和服务质量，折射出服务人员的服务技巧和综合素养，会对航空公司的品牌和市场发展带来重要的影响。

二、民航旅客投诉的原因

民航服务是一种无形的产品，具有不可储存性、生产和消费的同步性。因此，旅客对服务的满意程度来自旅客在服务现场与服务人员交往过程中的点滴体验。我们可以综合以下因素分析民航旅客投诉的原因。

（一）管理问题

一些航司在商业旺季会将注意力放到营销业绩和生产数量上，忽略了对投诉的处理，其结果就是旅客的投诉得不到及时处理，导致问题解决时限变长。旅客感觉投诉无用或者投诉无门，进而产生升级的投诉或者二次投诉，直接增加了对航司的投诉次数。

（二）民航服务人员服务意识的问题

· 触礼旁通 ·

2018 年 6 月，某航空公司从内蒙古飞往北京的航班因控制管制原因延误了 8 小时，航班落地后机上 19 名旅客因不满而拒绝下飞机。

通过了解后得知，在 8 小时的等待过程中，旅客产生了负面情绪，但地面工作人员没有给予旅客应有的照顾和安慰，导致在通知登机时一些旅客提出先赔偿再登机。然而，地面工作人员却说："你们爱上不上，不上拉倒！行李随机带走，带到哪里是哪里。"

这一系列的做法导致 19 名旅客集体拒绝下机并向该航空公司提出投诉和经济赔偿。

寻礼之问

1. 该案例中引发旅客投诉的原因是什么？

2. 你觉得旅客投诉行为是否合理？民航服务企业该如何避免这种情况？

保障航空安全是民航企业的第一要务，天气原因、机械故障等一系列有可能引起安全隐患的因素都有可能导致航班延误。

因为航班延误而使旅客进行过长时间的等待，其情绪难免受到影响。如果此时服务人员不能找准不同旅客情绪的"痛点"，并个性化地进行安抚和服务，仅仅局限于"规定"性的服务，就有可能导致投诉。

良好服务意识需要服务人员有同理心、有温度、有主动服务的意识，同时服务人员需要有面对矛盾和困难灵活应对的能力。这些都是由民航服务人员的职业道德、服务意识等因素决定的。

（三）民航服务人员服务技能的问题

·触礼旁通·

2019 年 1 月，旅客吴先生夫妇乘坐某航司航班从北京飞往上海。飞行途中，吴夫人向乘务员要了一杯咖啡。但当乘务员将咖啡端到吴夫人面前时，发现夫妇二人合盖着黑色貂绒大衣睡着了。乘务员为了不打扰旅客休息，将热咖啡摆放在小桌板上后便轻轻离开了。不久吴夫人醒来，手一抬就将小桌板上的咖啡打翻在貂绒大衣上。这件价值上万的貂绒大衣是吴先生送给夫人的结婚纪念礼物，吴夫人非常珍爱。看着被咖啡破坏的貂皮大衣，吴夫人非常生气，下机后就打电话到客舱部投诉，并提出如大衣无法恢复原样，就要求原价赔偿。

寻礼之问

1. 旅客对该事件提出投诉是否合理？导致投诉的原因是什么？

2. 航空公司后续应如何处理才能消除旅客的误解？

民航服务环境特殊，尤其是客舱服务，干扰因素很多，乘务员很可能出现各类失误，这类错误往往不会轻易获得旅客的谅解。上述案例中，乘务员未严格按照服务规范相关要求操作，直接导致了差错的发生，应该承担相应的赔偿责任。这就要求民航服务人员不断提高服务技能，熟悉并掌握服务规范，提升服务水平。

（四）民航服务承诺的问题

按照民航的服务诚信要求，航司有义务让旅客在航班延误时获得知情权。但一些民航企业不愿意将由于航司机械故障等人为因素引起的航班延误原因坦诚地告诉旅客，并采用"旅客不闹我们不赔"的态度来处理问题。这是典型的服务承诺失信于旅客的行为，其结果就是引发旅客就"飞机为什么不能飞？还能不能飞？什么时候能飞？我们现在该怎么办？"等问题与民航员工产生冲突并导致投诉。

（五）乘客的问题

我国作为民航大国，具有极大的发展潜力。但是目前民航业仍处于发展时期，部分旅客缺乏对民航业具有的特殊性、复杂性特点的了解。因此会出现一些不文明、不安全的行为，引发个体或群体冲突，造成航班延误，影响客舱秩序，更有甚者严重影响客舱安全。此时很多旅客习惯从自己的利益出发思考问题，盲目投诉。

三、正确认识处理民航旅客投诉的意义

旅客投诉是一把双刃剑，当出现旅客投诉的时候，如果能正确、恰当地处理，就能有效提升旅客的好感度，助推企业的发展。

（一）有利于提升旅客忠诚度，树立良好的企业形象

在高度竞争的民航业，硬件＋软件＋个性化的综合服务才是民航服务业快速发展的必由之路。当出现民航旅客投诉情况时，如果不妥善处理，不愉快的出行经历便会不断传播，长此以往民航企业的形象会受到严重影响。但是，如果民航企业采取有效积极的态度消除旅客的不满，便能够在解决问题的过程中提升旅客的忠诚度，树立良好的企业形象。

（二）有助于激发员工工作热情，提升服务质量

旅客的投诉就像一剂猛药，直指民航企业的症结，让民航企业直面自己的问题与不足。民航服务系统的一线员工在工作中难免遭遇投诉，应主动积极地去化解因服务失误带来的问题，最后获得旅客的满意，这才能有效地提升工作热情，从失败中找寻经验，努力提高服务技能，提升服务质量。

任务2 处理旅客投诉的基本原则和策略

任务目标：

1. 了解处理旅客投诉的基本原则。

2. 掌握处理旅客投诉的策略。

一、处理旅客投诉的基本原则

（一）旅客为先，真诚服务原则

· 触礼旁通 ·

某航班乘务长突然发现刚刚在靠过道就座的一名年轻妈妈双手在梳理头发时，坐在其腿上的约5个月大的男孩因重心不稳摔倒在地，头碰巧撞在座椅旁正在通过的旅客的行李挡杆上，额头被划出2 cm的伤口，当场流血不止。

乘务长当场为孩子进行了紧急止血和包扎救治，孩子的妈妈决定取消行程，乘务长联系了地面工作人员，及时将母子俩送到医院进行治疗。

但是，看着受伤的孩子，心情激动的妈妈还是投诉了该名乘务长，认为她工作不仔细，未将通过旅客的行李安全提醒到位，要求航空公司对此事件进行赔偿。

寻礼之问

1. 航空公司对此事件是否应承担责任？

2. 你作为航空公司的负责人该如何处理此事？

航司调查后发现，该事件发生后，乘务长第一时间对孩子采取了救治措施，并第一时间联系机场工作人员安排车辆，护送男孩前往医院接受检查与治疗。乘务长和地面工作人员全程对旅客进行安慰，耐心陪伴旅客，还垫付了医疗费用共计2000余元。

虽然此事件与年轻妈妈的疏忽有着相当大的关系，但当事航空公司还是做出了非常积极的努力，他们帮助年轻妈妈联系保险公司，沟通相关问题。

旅客冷静下来后也认识到这是自己的疏忽导致的，航司为他们做出了超出责任范围的努力，经过反思，她主动撤销了投诉。

旅客投诉的原因各异，无非出于自我保护的目的，这也是民航服务人员处理投诉问题的切入点。从旅客至上的角度出发，多点情感上的共鸣，多采取发自内心的关怀行动，相信许多投诉问题都可以迎刃而解。

·集思广益·

在你的消费经历中，印象较深的优质服务案例有哪些？最吸引你的服务人员有哪些品质？

（二）信息公开，多渠道投诉原则

·触礼旁通·

在澳门工作的重庆女孩樊小姐，探亲结束后计划乘坐第二天一早的航班返回广州，之后进入澳门，下午3点前回公司上班。

第二天早晨，当她赶到某航司的值机口时，却和另外3名同样持有该航班机票的旅客一起被告知他们预订的这趟航班因为机票超售，人员已满。

工作人员建议他们可以选择原价退票，或者选择改签。

"改签可以，但必须是今天上午的航班，目的地是珠海或珠海附近城市。"樊小姐提出了要求，但立刻遭到该名工作人员的拒绝。

经过长时间协调无果后，樊小姐不得不在机场又买了一张12点飞广州的机票，但这样的行程已经影响到她正常赶回公司，意味着她将受到公司相关的纪律处罚。

登机前，樊小姐又找到原购买的早航班的航司要求退票，工作人员说，在哪里订的就在哪里退票。

着急登机的樊小姐不得不放弃了退票。事后，樊小姐对自己"购买机票被拒绝乘机、退票遭遇障碍、未能按时登机赶回公司上班导致处罚"等遭遇向该航司进行投诉和提出索赔。

寻礼之问

> 该案例中，樊小姐投诉的原因是什么？

机票超售是航空公司为保证客座率而常用的营销策略，这种营销策略在国际上也很常用，本身并没有不妥。但上述航司在机票超售时没有及时告知旅客，没有让旅客提前做好安排，也没有给予因超售不能登机的旅客可接受的补偿，使得旅客的权利无法得到保障。

如果航司能提前告知旅客，给旅客充分的知情权和选择权，就能避免很多矛盾和投诉。

·触礼旁通·

　　明确告诉旅客本次航班超售，让旅客自主选择是否购买，也提醒一些赶时间的旅客提前办理值机手续。一般情况下，当航班超载发生时，航空公司应当第一时间询问旅客是否自愿"让座"，并为自愿让座的旅客提供补偿金。对于因超载不能顺利登机的旅客，也应给予补偿。

　　大多数投诉都发生在旅客出行受阻时，这时旅客最想知道的是事情的真相，需要航司公开信息，给予旅客公正的对待。比如，后续航司是否有解决措施，包括但不限于航班改签、食宿安排、补偿金发放等。如果信息公开并畅通，现场问询和投诉渠道顺畅，工作人员能在第一时间安抚旅客，实现良性沟通，就可以减少投诉并提升企业品牌形象。

寻礼之问

> 对于保持信息公开以及积极采纳旅客投诉的途径，你还有哪些建议？

（三）积极沟通，主动承担原则

　　在旅客不满的时候，他需要有一个情绪宣泄口，否则怨气将会越积越多，甚至出现不可控的过激行为。这时候就需要民航员工与旅客进行积极有效的沟通，不回避出现的问题，以坦诚的态度勇于承担责任，重拾旅客的信任与支持。

·触礼旁通·

用情动人，用礼服人，积极沟通，主动承担

　　小张终于当上了头等舱乘务员，她非常高兴。今天的头等舱也是满员，其中有一名外籍旅客。

　　这名外籍旅客看着非常幽默友好，入座后主动和小张打招呼，还跟小张做了个鬼脸。不过，外籍旅客似乎比较疲倦，航班还没平飞他就已经睡着了。

　　小张一直忙碌着为头等舱的其他旅客提供餐饮服务，也不时关注着这位睡着的旅客。然而，小张刚回到服务台不到2分钟，就看到这名外籍旅客怒气冲冲地走到小张面前发着脾气说："飞机都飞了1.5小时了，我居然没有得到任何服务，甚至连一杯水都没有！"

　　旅客突如其来的愤怒让小张很吃惊，也很委屈，她是因为不想打扰这名旅客休息才没有去服务的。为了安抚旅客情绪，她立即为旅客送去了热水，但是旅客拒绝了她的服务。

　　小张不气馁，又送了一盘点心过去，旅客仍然不予理睬。

怎么办呢？不能让旅客高兴而来败兴而归啊，小张突然想起这个旅客曾经跟自己做鬼脸，于是灵机一动，用水果制作了一个委屈脸型的水果拼盘，端到客人的面前，慢慢蹲下来轻声说道："先生，对于您之前的遭遇我非常难过！就像这张脸表现得一样难过。"

幽默的旅客终于被小张的水果拼盘打动了。事后，小张很委婉地说："其实啊，我一直特别在意您，看到您很疲惫地睡着了还给您盖了毛毯，希望现在您已经精神饱满啦。"

外籍旅客也很快意识到自己误会了小张，主动向小张表达了歉意。

航班落地后，看着带着满意笑容离开航班的他，小张感觉到很幸福。

寻礼之问

从小张的经历中，你学到了什么呢？

二、民航旅客投诉处理的策略

(1)在航空服务中要做到遇事不慌、沉着稳重，当面对突发事件或问题时，要保持冷静，不要惊慌，认真处理问题。

(2)要善于运用沟通的技巧，在处理问题时恰当地使用幽默，以缓和局势的紧张和尴尬，使双方变得轻松愉快。

(3)培养自己的控制力和忍耐力，有条不紊地处理突发事件。有时候与旅客之间的沟通交流并不需要太多言语，也许只需一个眼神双方便可心领神会，这也是民航服务人员随机应变能力的一种体现。

(4)在民航运输行业竞争如火如荼的今天，态度决定成败，微笑能够有效地化解很多矛盾。当遭遇投诉时可巧用民航服务人员的服务保障——微笑。

(5)从表面上看，处理旅客投诉增加了民航企业的资金、人力、时间等成本，甚至短时间内会影响企业的形象。实际上如果处理得当，就为旅客提供了一个重新认识与判断民航企业服务质量的机会。

任务3 处理旅客投诉的实训

任务目标：

1. 能够根据设定的场景完成旅客投诉的测试。

2. 能够完成处理旅客投诉的实训任务。

实训项目	处理旅客投诉的实训
实训目标	1. 学会如何正确处理旅客投诉 2. 培养民航服务的意识
实训内容及组织	由教师组织，学生自愿组成小组，每组6~8人，选择以下题目进行训练 1. 与不同民航旅客进行沟通 2. 与投诉旅客进行沟通 3. 运用自身沟通能力及服务技巧避免或减少投诉
实训考核	1. 每组提交一份分析报告 2. 各组进行情境模拟展示 3. 教师根据各组的分析报告与模拟展示进行评估

· 项目自测 ·

1. 民航服务过程中难免会出现一些不可预知的突发状况，而对这些突发状况的处置，有可能会引起投诉或其他连锁的反应。下列哪些属于民航旅客投诉的原因？（　　）（多选题）

A. 面对旅客投诉时管理滞后和不健全，使旅客投诉无用或投诉无门

B. 民航服务人员的服务意识不足，因为行为举止或语言导致矛盾产生

C. 民航服务人员颜值不高

D. 民航服务人员的专业知识水平不高及服务技能不足

2. 旅客投诉是一把双刃剑，当出现旅客投诉的时候，应遵循哪些处理的基本原则？（　　）（多选题）

A. 旅客为先、真诚服务的原则　　　　B. 积极沟通、主动担责的原则

C. 事不关己、高高在上的原则　　　　D. 及时解决、绝不拖延的原则

3. 关于客户投诉对航司的意义，表述不正确的是（　　）。（单选题）

A. 可以挽留住顾客　　　　　　　　　B. 挽回客户对航司的信任

C. 增加航司知名度　　　　　　　　　D. 帮助企业及时发现问题

4. 在投诉处理后，客服人员的工作不包括（　　）。（单选题）

A. 自我控制　　　B. 自我对话　　　C. 自我检讨　　　D. 自我安慰

5. 下列选项中不属于民航员工正确处理旅客投诉的原则的是（　　）。（单选题）

A. 迅速采取行动　　　　　　　　　　B. 站在旅客的立场将心比心

C. 先处理事件，后处理情感　　　　　D. 耐心倾听旅客的抱怨

模块四 民航专业礼仪实训

✈ 项目一　候机楼服务礼仪

■ 项目描述 ■

　　李丽即将和同学们一起去候机楼进行为期两个月的岗位学习。她迫切想知道候机楼服务的分类，需要掌握什么样的知识和技能，可能会遇到哪些旅客的疑问，该怎样处理。学习者通过本项目的学习，了解候机楼问询、导乘、值机和贵宾厅服务的职责要求及礼仪规范，形成对候机楼常见的几个主要岗位服务规范和操作流程的全面认知，提高对候机楼旅客的服务效率，为民航企业的服务品牌、服务印象管理做贡献，并通过优质服务，搭建良好的客户关系。

■ 礼在身边 ■

　　2018 年 6 月 11 日，下午两点半，一名外籍旅客焦急地来到问询台，服务人员小李立即起身迎接旅客并主动询问有什么能帮忙的。通过这名外籍旅客的表达，小李了解到，旅客在整理行李时，不慎把护照弄丢了。小李立即通知广播站进行失物招领播报，随后安抚旅客情绪，大概 5 分钟，就接到工作人员回复，找到了该名旅客的护照，而此时距离该名旅客乘坐的航班关闭还有 6 分钟。为了让旅客能够顺利乘坐航班，小李直接为这名外籍旅客安排了专门的导乘员，全程引导，在最后一刻旅客成功办理了值机手续。

寻礼之问

　　1. 案例中，外籍旅客顺利登机体现了候机楼服务中哪些岗位人员的优质服务呢？

　　2. 机场问询服务岗位通常是候机楼中解答旅客疑难的重要窗口，你觉得在问询服务中我们应该注意哪些礼仪规范呢？

任务 1 问询服务礼仪实训

任务目标：

1. 了解候机楼问询服务的分类。

2. 了解候机楼问询服务岗位职责。

3. 掌握候机楼问询服务岗位工作人员礼仪规范。

一、候机楼问询服务的分类

机场问询服务人员是航空公司的对外形象大使，这个岗位是为乘客快速解决疑难问题、引导乘客顺利登机而设立的，是航空公司对外承诺"旅客至上，打造细致入微的服务"的一种体现。问询服务岗位人员应当遵循机场和航司制定的工作规范以及工作标准，做到注重仪表、展现礼貌。候机楼问询服务可通过以下方式进行分类。

（一）根据提供方进行分类

根据问询服务提供方的不同，问询服务可以分为机场问询、航空公司问询、联合问询。机场问询是指航站楼所属的机场公司（集团）提供的问询服务；航空公司问询是指航空公司租赁航站楼提供的问询服务；联合问询是航空公司与机场共同派出问询服务人员组成联合问询柜台，向旅客提供全面的问询服务。不管哪种问询服务，都应按高标准做好旅客服务，解答旅客疑问，让旅客获得满意。

（二）根据提供方式进行分类

根据问询服务提供方式的不同，问询服务可以分为现场问询（见图 4-1-1）和电话问询（见图 4-1-2）。现场问询是指旅客在柜台当面向服务人员提出问询。电话问询：又可以分为人工电话问询和自动语音应答问询。人工电话问询主要用来解决旅客提出的一些比较复杂或非常见的问题；自动语音应答则由旅客根据自动语音提示进行操作，通常能较好地解决旅客所关心的常见问题，它能大大地节省人力，提高服务效率。

图 4-1-1 现场问询

图 4-1-2 电话问询

值得注意的是，很多旅客通常更愿意选择人工问询，以满足旅客获得个性化的对各种疑难问题的解答需要。

（三）根据柜台的设置位置进行分类

根据柜台的设置位置的不同，问询服务可以分为隔离区内的问询服务、隔离区外的问询服务。

二、问询服务的岗位职责

首问责任制和责任感：旅客询问的第一名工作人员必须直接解答旅客的问询，或协助引导旅客找到相关的解决部门，使旅客的问题得到及时解决，不允许对旅客说"不知道"。

熟悉环境和工作流程：要熟知机场候机楼内的主要设施位置、交通线路、国际国内乘机常识、行李托运常识、各航空公司驻航站楼办公地点等。

高度的责任感和工作激情：提供周到、细致、快捷的服务，体现机场服务个性化的特点，提高机场服务水平。

三、问询服务的礼仪规范

（一）现场问询服务礼仪

1. 迎接旅客礼仪

当看到旅客走向问询台时，问询台服务人员应站立迎接，保持规范站姿，并面带微笑，向旅客问好。例如："您好，请问有什么需要帮助的吗？"

2. 应答旅客问题礼仪

（1）应答旅客询问时要站立答话，身体不能靠在椅背或问询台上。

（2）思想要集中，全神贯注地聆听，目光不能游移，不能心不在焉，必要时，应边听边做记录，便于解决问题。如果旅客口齿不清、语速过快，可以委婉地请旅客重复一遍，不能凭着自己的猜想随意回答。

（3）应答旅客的提问或征询时，语言应简洁、准确，语气婉转，音量适中，不能词不达意，应从容不迫，按先来后到的次序，分轻重缓急，一一回答，不能只顾一位旅客，而忽略了其他旅客的存在。

（4）对于旅客提出的无理要求，需要沉住气，婉言拒绝，或巧妙回答，做到有修养、有风度、不失礼；对于旅客的批评指责要包容和谦虚。如果问题确实是我们的不当或失职导致的，应立刻向乘客赔礼道歉，对乘客的关注表示感谢，立即报告或妥善处理。如果旅客提出的批评指责是因为误会和误解，我们也要第一时间向旅客表达歉意，安抚旅客情绪。

（5）遇到解决不了的问题时，应先向旅客表达歉意，并引导旅客到能提供有效服务的部门或岗位，禁止说一些否定句。

3. 告别旅客礼仪

解答完旅客的问询后，应面带微笑和旅客告别，站立目送旅客离开后方可坐下。

·触礼旁通·

某日，机场外晴空万里，旅客在候机楼耐心等待，这时广播站播报由于天气原因航班延误，旅客听到后立即查询出发地和目的地的天气，查到出发地和目的地的天气正常后，旅客对航班延误的原因产生怀疑，于是到问询台询问原因。

寻礼之问

> 如果你是问询员，你会怎样处理旅客的问询？
>
> 分析：在机场，遇到航班延误，广播播报最多的是"天气原因"，而往往旅客眼前看到的是朗朗晴空，再去查看目的地的天气时，发现也显示晴朗，此时旅客难免会对航班延误的原因产生怀疑。事实上，"天气原因"有很多种情况：一是飞机因出发地天气状况不适宜起飞；二是飞机因目的地天气状况不适宜起飞；三是飞机因飞行航路上的天气状况不适宜起飞等。在全程航线上，只要有一个地方的天气状况出现异常，飞机就只能由于"天气原因"在原地停留。所以，晴空万里不代表飞行意义上的、旅客认为的正常天气。

（二）电话问询服务礼仪

处理电话问询时基本要求包括：听旅客说话时，要集中注意力，如有必要，应边倾听边做记录；问询台服务人员说话时，要口齿清晰、简洁明了、语气温和、语速适中、用语规范；应在旅客挂断电话后，问询台服务人员再挂断。此外，接打电话期间，如有其他旅客前来询问，应用眼神、点头、微笑等方式向旅客打招呼，并示意其稍等。

（1）接听旅客电话礼仪。

来电时，问询台服务人员应在电话铃声响起三声内迅速接听，并主动问候、报上单位名称。如若不能解决旅客的问题，应先致歉，并征询旅客的联系方式，以便在能帮助旅客解决问题时，及时联系旅客；如果需要旅客长时间等待，也需要征询旅客意见是否愿意等待，如果旅客不愿意等待，应留下旅客联系方式，待问题获得解决方案后再打回；如果旅客表示要在线等待，可设置音乐背景，严禁从话筒中传出工作场景以外的员工对话。

（2）拨打旅客电话礼仪。

当问询台的工作人员需要主动联系旅客时需要拨打旅客电话。电话接通后，问询台服务人员应主动问候，并确认旅客身份，身份无误后，问询台服务人员应及时报上单位名称，并说明打电话的缘由，再继续提供旅客需要的信息。

四、回答旅客问询的技巧

（1）记住旅客的姓名。使用准确的姓氏称呼客人，可以创造一种融洽的顾客关系，便于问题的解决。

（2）恰当用词。与旅客沟通交谈时，应使旅客感到舒服、轻松，此时双方不仅仅是简单的商品买卖关系，而是融入情感的服务与被服务关系。

（3）在回答旅客的问询时，我们的语调、声音、语气、音量、讲话的方式及内容，决定着旅客对我们的评价，旅客能从与我们的对话中感受到服务的真诚、主动，感受到服务者的贴心和礼貌。

（4）态度诚恳。诚恳是问询服务的基础，只有诚心待人，才能换取对方的信任和好感，为进一步的沟通创造融洽的氛围。

（5）目光接触。在与旅客目光接触时，不要回避，也不要死盯。要向旅客表明你的诚意，与旅客讲话时，应放下你手中的事情，眼睛面对旅客予以回应。

目光凝视区是指人的目光所落的位置。根据人们交往中活动内容的不同，人的目光凝视区域也不同，包括以下三种情况。公务凝视区：以两眼为底线，额头中为顶角形成的三角区。社交凝视区：以两眼为上限，唇心为下顶角形成的倒三角区。亲密凝视区：从双眼到胸部。

（6）保持微笑服务。面部表情能够表达内心的情感。比如，微笑可以传递好感，沟通人们的心灵，架起友谊的桥梁，消除人们的误会。

·礼之实践·

训练项目	训练目的	训练标准		分值	训练形式	评分方式
问询服务礼仪训练	通过训练掌握现场问询和电话问询服务的礼仪规范	职业形象	符合民航员工职业妆容标准	30分	情境模拟实训	学生评价教师点评
		服务姿态	体态、手势等符合民航员工标准	40分		
		服务用语	符合服务用语规范	20分		
		面部表情	保持微笑，表情要有亲和力	10分		

·礼之反思·

通过对问询服务的学习，同学们有何感悟和新颖的想法？

任务 2 导乘服务礼仪实训

·触礼旁通·

背老人赶航班的"小跑哥"

2014 年 5 月 18 日 20 点左右，旅客苏女士由于随行的老人腿脚不方便，就自带了轮椅，但轮椅没办法通过安检，不得不返回柜台办理托运。等苏女士办理好托运并返回柜台的时候，该航班已经结载，旅客们即将登机。这时与苏女士一起的老人忽然摔倒在机场大厅，此时刚到柜台准备接班的值机导乘员小何看到这一幕立即冲了过去将老人扶起。在了解了旅客的详细情况后，小何二话不说，背起老人就往安检处跑。夜晚的闷热加上身体承载着一百多斤的重量，小何没有喊一声累，也没有放下老人，就这样一路小跑，直到登机口，在老人的执意要求下才把老人轻轻放下。苏女士和老人拿出随身的几百元现金感谢小何，被小何婉拒了。等老人登机后，小何露出了朴实的微笑。

> **寻礼之问**
>
> 通过上述描述，你认为在导乘服务中应注意什么？有什么作用？

任务目标：

1. 知道候机楼导乘服务岗位工作人员的职责。

2. 了解候机楼导乘服务岗位工作人员的礼仪规范。

3. 掌握候机楼导乘服务岗位工作人员礼仪并在实践中熟练运用，提高服务水平。

一、候机楼导乘服务概述

候机楼导乘服务岗位工作人员的职责就是为机场的旅客提供乘机指导，引导旅客有序安检、检票、办理乘机手续，帮旅客准确、快速地完成各个项目，送到目的地。

二、候机楼导乘服务岗位工作人员的职责要求

导乘服务岗位工作人员通常要完成如最后召集、增开柜台、引导分流、手推车的回收及自助机的维护、隔离桩的维护等工作。

最后召集：是指为航班起飞前 45 分钟至 30 分钟未办理登机手续的旅客提供服务，注意召集时间，仔细查看航班计划表有无漏勾，或时间、地点错误问题，避免出现因召集遗漏导致的旅客误机。在登机手续办理截止前 3～5 分钟，导乘人员使用最后召集规范用语不得少于 3 次，将晚到旅客指引至急特柜台，协助急特旅客办理值机手续，并指引安检方向。

增开柜台：根据条形带的形状可以分为直行带工作和蛇形带工作。直行带工作要求：排队超过 8～10 人时，增加柜台；团队超过 10 人时，增加柜台。蛇形带工作要求：常规情况下会同时有 3 个柜台办理值机手续，U 形第一排排满时增加柜台，当旅客排至 U 形第二排三分之二时变换隔离带为 S 形，排到一半时增至 6 个柜台，人数排满第二排时加至 7 个柜台，人数排至两排及以上时，柜台应处于全开状态。

引导分流：柜台首开，引导旅客进入；将人多队列引导至新开柜台；柜台关闭，站至最后，引导后续旅客。

手推车的回收及自助机的维护：提醒旅客带走手推车；手推车维护频率不得少于 5 分钟/次，最多堆积 3 个；防止手推车挡住进出口；观察区域外手推车回收情况，如积压过多需上报；自助机巡查时间为 15 分钟/次；缺纸、故障、卡入身份证报值机主任；值机区域注意清洁维护并及时通知保洁员。

隔离桩的维护：隔离桩完好率 100%，如有故障需通知值机主任；隔离桩不得有粘纸、尘土、打结、缠绕、松动、缺损等现象；隔离带整理频率不得少于 10 分钟/次，摆放间距相等，横平竖直，横向和纵向呈90°；遵循"三桩两带"原则，即每一个隔离带由两个竖桩配一根隔离带，并呈一条直线。隔离带不得超过一米黄线位置；不得超过划定区域，不得影响旅客通行。

三、候机楼导乘服务礼仪规范

（一）积极主动响应旅客需求

响应性是指导乘人员向旅客提供服务的自发性，响应性决定了旅客为服务等待的时间和问题解决的效率。导乘人员对旅客响应及时，能够增加旅客的信任度和满意度，避免旅客出现不满情绪。

（二）随机应变处理突发问题

机场的客流量较大，人员比较复杂，因此容易发生很多难以预测的情况和问题，针对出现的这些问题，导乘人员必须尽责尽职，主动、耐心地为旅客营造舒心的乘机体验，展示良好的企业形象。

·触礼旁通·

　　小董是机场的一名值机人员。一天上午，她忙而有序地保障了一个又一个航班的顺利运行。一位老人推着另外一位行动不便的老人走向她的值机柜台，虽然到了中午就餐时间，但她并没有将两位老年旅客推托至其他柜台，而是起身朝他们迎去，动作娴熟地帮助他们把行李放至传送带上，见两位老人是藏族人，不太懂汉语，沟通有些吃力，小董便一字一句耐心地询问他们的出行航班，然后转身回到值机柜台帮他们办理值机手续，贴心地将座位安排至前排过道，并帮老人申请了轮椅服务，然后帮助他们去大件行李处办理托运，随后一路小跑将登机牌和行李小票送还至老人手中。这时，老人握住值机员小董的手，不停地表达感谢，引得周围同事和其他旅客投来一片赞许目光。

寻礼之问

　　1. 案例中，值机员小董为旅客提供了哪些暖心服务？

　　2. 谈一谈，你从该案例中得到了哪些启示？

（三）严守规范提升服务质量

　　静态站姿服务规范：导乘人员应在固定位置保持身体直立，面带微笑，随时关注负责服务区域的旅客动态，切忌发呆或东张西望。工作中导乘人员如遇旅客问询，应主动上前，礼貌问候，快速、准确地为旅客解答，指引方向时手臂摆幅不宜过大，指引方向必须准确无误。

　　引导行走服务规范：保持身体直立，双臂摆幅不宜过大，步速应配合旅客速度，行走于旅客斜前方1米左右的距离。在行进过程中，导乘人员应随时回头与旅客示意，当遇到转角时应提前提示旅客。与旅客交流时，应主动问询，语气、语速应适中，用词应准确，声音不宜过大或过小；在引导旅客乘坐升降电梯时，应遵循先进后出原则，导乘员应先进入电梯用手控制电梯呈打开状态，在出电梯时让旅客先出电梯，同时手要控制电梯门，保持电梯门呈打开状态。

　　遵守制度，不违反工作禁忌：工作时间不得迟到、早退；在岗期间必须佩戴胸牌及准入证件；在岗期间或在公共场所不得有大声喧哗、勾肩搭背、遇事围观、叉腰、抠鼻、挖耳、伸懒腰等不文明行为；柜台开放时间不得脱岗；在岗期间不得从事与工作无关的事，如串岗、聊天等；高峰时间段须站立在规定区域；在岗期间不得倚靠自助机、隔离桩等。

用语不规范，说服务禁语：当旅客询问有关航班情况时忌说"不知道，不清楚"；当旅客重复问题时忌说"你怎么还不明白""刚才不是已经告诉你了吗"；当旅客想要退票时忌说"哪买的票哪退去，别找我们"；当旅客因航班时间临近而着急时忌说"急什么，别催我"；当旅客提出的问题自己解决不了时忌说"爱找谁找谁，我解决不了"；当旅客排队拥挤时忌说"挤什么挤，后面等着去"等。

寻礼之问

请将刚才提到的服务忌语进行改进，变成温暖规范的服务用语。

不说"不知道，不清楚"——我们可以说：_____

不说"你怎么还不明白"——我们可以说：_____

不说"刚才不是已经告诉你了吗"——我们可以说：_____

不说"哪买的票哪退去，别找我们"——我们可以说：_____

不说"急什么，别催我"——我们可以说：_____

不说"爱找谁找谁，我解决不了"——我们可以说：_____

不说"挤什么挤，后面等着去"——我们可以说：_____

· 礼之实践 ·

训练项目	训练目的	训练标准	分值	训练形式	评分方式
导乘服务礼仪训练	通过训练掌握导乘服务礼仪	服务时应主动、礼貌，能够准确、耐心解答旅客问题	100分	情境模拟实训	学生评价教师点评

任务3 值机服务礼仪实训

任务目标：

1. 知道候机楼值机服务岗位工作人员的工作流程。

2. 了解候机楼值机服务岗位工作人员的礼仪规范。

3. 能熟练运用礼仪规范。

一、候机楼值机服务概述

值机服务是指航空公司为旅客办理乘机手续的全流程服务，基本流程包括：迎接旅客、查验旅客客票及证件、为旅客安排座位、收运托运旅客行李、和旅客告别。每一个流程，值机人员都应遵守相应的礼仪规范，为旅客提供满意的服务，以提高民航企业的形象，进而促进民航企业的发展。

· 触礼旁通 ·

客票分为纸质客票和电子客票。纸质客票由财务联、出票人联、1～4张不等的乘机联、旅客联组成；电子客票是传统纸质客票的一种电子映像，是一种电子号码记录，"无纸"而不是"无票"。

二、值机服务人员礼仪规范

（一）迎接旅客礼仪

值机人员在看到旅客距离值机台2～3米时，应该由坐姿转变为站姿迎接旅客，同时应面带微笑，用恰当的称呼向旅客致以真诚的问候。例如，当男性旅客到达值机台前时，值机人员对旅客可以这样表达："您好，先生!"如果是早上，可以说"早上好，先生!"等（见图4-1-3、图4-1-4）。

图4-1-3 迎接旅客

图4-1-4 微笑

寻礼之问

在检查旅客客票和证件时，应注意哪些方面？

（二）查验旅客客票及证件礼仪

检查旅客客票及证件是指值机人员对旅客客票和乘机证件的合法性、真实性、有效性进行查验。需要注意的是，旅客的证件应与购买机票时使用的证件一致。

当值机人员递接旅客证件时，应保持站立，同时递接（见图4-1-5）。在递接证件时，值机人员应使用礼仪用语，例如："您好，请出示您的身份证件。"

图 4-1-5　递接

当值机人员查验旅客客票及证件时，应快速、高效地完成查验，缩短旅客等待的时间。查验完毕后，应向旅客确认航班信息和目的地。确认航班信息和目的地时应使用礼仪用语，例如："请问您准备乘坐的是××点××分飞往××的航班吗？"

·触礼旁通·

有效的身份证件

有效身份证件包括：居民身份证、按规定可以使用的有效护照、军官证、警官证、士兵证、文职干部证或离休退休干部证明，16岁以下未成年人的学生证、户口簿等证件。公安出入境管理部门出具的"外国人取证回执单"不能作为有效乘机证明。但其上粘贴照片并加盖公安出入境管理部门的公章后可以作为有效乘机证明。

（三）安排旅客座位礼仪

值机人员查验完旅客的客票及证件后，应为旅客安排客舱座位并打印登机牌。旅客未提出座位需求时，值机人员应主动询问旅客对座位的要求，并根据航班座位实际剩余情况，尽量满足旅客的要求。不能满足时，应先向旅客致歉解释，再提供其他最佳座位以供旅客选择。

寻礼之问

你知道客舱座位的安排一般都遵循哪些原则吗？

在通常情况下，值机员为旅客安排座位遵循以下几个原则：如果是同行旅客，应尽量安排在邻近的座位上；如果遇到孕妇等需要特殊照顾的旅客，一般安排在靠近客舱服务员或者方便出入的相对宽敞的座位上，但是不能安排在紧急出口；如果是航司的重要旅客，一般会安排在靠前的座位上，或者在公司允许条件下为其进行升舱服务；如果机上有更加特殊的旅客，如公安机关需要押送的犯人旅客，不能安排在靠近紧急出口的座位上，也不能安排在靠窗的座位上，要保证公安人员的座位在犯人旅客座位的旁边。

（四）收运托运旅客行李礼仪

值机人员在给旅客办理收运、托运行李时，如果旅客没有主动说有行李需要托运，值机人员在为旅客打印好登机牌后，应主动询问旅客是否有托运的行李。如果旅客有行李要托运，收运旅客行李时，值机人员需要注意以下事项。

（1）了解行李内物品是否属于托运行李的范围，是否夹带违禁物品、贵重易碎物品及其他不能作为托运行李运输的物品。对行李要进行安全检查，凡发现有不符合规定的物品，应及时和旅客进行沟通。如果旅客不同意检查，则拒绝收运。

（2）仔细检查行李外包装是否符合要求，若不符合，应请旅客加以改善，否则不予收运。

（3）行李过磅必须准确，以免影响飞机载重平衡。超过免费行李额的部分，按规定收取逾重行李费，并向旅客说明。

（4）每件行李须按规范拴挂行李牌，并将行李牌识别联粘贴在登机牌的正确位置。

（5）收运、托运旅客行李的整个过程，值机人员都应轻拿轻放旅客的行李，以免造成损坏。

（五）告别旅客礼仪

值机人员为旅客办好乘机手续后，应起身站立，面带微笑，双手将旅客的身份证件、登机牌一并递交给旅客，同时告知旅客："这是您的身份证件和登机牌，请您收好。"特殊情况下，值机人员要将登机牌上的登机时间、登机口、座位号等用笔圈画出来，还应口头向旅客提示登机口及登机时间信息，如"您的航班在×号登机口登机，请您通过安检通道，到候机区等待"或"您的航班马上要开始登机了，请您抓紧时间通过安检通道，到×号登机口登机"，并为旅客指示安检通道方位。

寻礼之问

在递接客票、身份证及登机牌时，值机人员应注意哪些方面？

思政园地

值机人员在整个民航旅客运输流程中扮演着非常重要的角色。值机人员不仅需要注意自身的礼仪举止，还要注意观察旅客的言行举止，从而树立和塑造良好的形象，提升亲和力。

·礼之实践·

训练项目	训练目的	训练标准		分值	训练形式	评分方式
值机服务礼仪训练	通过训练掌握值机服务礼仪	迎客礼仪	前腹式站姿、面带微笑、使用礼仪用语	10分	实训	学生评价教师点评
		查验旅客客票及证件礼仪	符合递接物品礼仪规范，高效率服务	30分		
		安排旅客座位礼仪	主动询问、热情服务	20分		
		收运托运行李礼仪	主动询问，注意物品的重量、外包装，是否符合托运要求，拴挂行李牌	30分		
		告别旅客礼仪	礼貌送客，并提醒旅客登机时间	10分		

任务4 贵宾厅服务礼仪实训

任务目标：

1. 知道贵宾厅服务的流程及内容。

2. 掌握贵宾厅服务礼仪并能在实践中熟练运用。

一、贵宾厅服务概述

候机楼贵宾厅服务是指为重要人士提供机场全程引导、协助办理登机手续等服务。贵宾服务主要分为迎机服务和送机服务两种。

贵宾迎机服务主要包括：预约服务、贵宾停车场服务、贵宾休息厅服务、贵宾值机服务、贵宾安检服务、贵宾登机服务等。

贵宾送机服务主要包括：预约服务、机舱口接机、贵宾专车服务、行李提取、贵宾停车场服务等。

机场贵宾候机厅是贵宾离港时相对停留较长的区域，也是服务人员与贵宾接触时间较长、对服务个性化要求相对更高的区域。因此，服务人员需掌握独特的礼仪规范要求。贵宾厅服务人员的基本规范包括以下几方面。

（1）"三轻"服务——说话轻、动作轻、走路轻。巡视时需脚步轻缓，使用无声设备。

对休息室内音量过大或行为不雅的旅客进行必要的提醒或有效干预。

(2)"循环式不间断服务"——在不打扰旅客的基础上,每15分钟巡视一次旅客休息区域。

(3)"零呼唤管理"——在服务过程中应善于观察旅客动态,预知客人需求。

· 触礼旁通 ·

4月21日,武汉机场一号贵宾区实习生小东收到一封表扬信。信中不仅对小东提供了热情贴心的服务表示感谢,更是对武汉机场的贵宾区称赞连连,表扬信中说:"武汉机场贵宾区环境安静,设施齐全,服务热情,让我非常愉悦、非常开心。希望下一次来到武汉出差的时候可以再次来到贵宾区休息。"

原来,表扬信是从深圳到武汉出差的旅客张先生写的。他第一次到武汉机场贵宾区,对贵宾区内候机流程很不熟悉,而他的随身行李又很多,负责接待他的实习生小东不仅帮他拿行李,还将行李妥善地暂存在前台处。当时正是中午,小东引领张先生前往餐厅用餐。

小东知道张先生对贵宾厅不熟悉,担心他用完餐后忘记回厅的路线,就一直在餐厅外等待张先生,等他用餐结束后陪伴他回到贵宾厅休息。

在小东看来,他只是在贵宾厅的岗位上做了他应该做的事,却收获了这封"意外"的表扬信。不仅是他,贵宾厅所有的服务人员都感到了莫大的肯定和鼓励。

寻礼之问

从小东的服务故事中,你看出了贵宾厅服务的哪些内容?你觉得贵宾厅服务人员需要注意哪些礼仪呢?

二、贵宾厅服务礼仪

(一)迎客礼仪

贵宾厅服务人员应该提前了解旅客乘坐航班的动态,掌握旅客最新的航班信息。当看到旅客时,服务人员应起身迎接旅客,保持站立姿态,面带微笑,行15°鞠躬礼并点头示意,使用礼仪用语(在做礼仪动作和使用礼仪用语时,应遵循先说话、再做动作的原则)。服务人员在递接旅客物品时,动作要轻,应双手递接旅客所持的物品。

(二)电梯引导礼仪

(1)遵循先进后出原则。在引导旅客乘坐无人驾驶的电梯时,服务人员应先在电梯门

前按呼梯按钮，当电梯门打开后，服务人员先进入电梯，站在按操作键的地方，以便服务旅客。进入电梯后一手扶住电梯门一侧或者一手按开电梯门按钮（防止夹到或夹伤旅客），请旅客进入电梯。

出电梯时，应让旅客先出电梯，服务人员应一手做出请的动作，并按住开门按钮。等旅客走出电梯后，服务人员应立刻走出电梯，并引导旅客行进的方向。

（2）以尊为先的原则。当服务人员引导的旅客比较多时，应按照旅客的职务、身份、性别、辈分来使旅客进入电梯。如应先让老者、女士、长辈进入电梯。

在接待旅客时，应把电梯最里侧的位置留给地位最高的旅客，靠近电梯门口的位置留给地位次之的旅客，等所有旅客进入电梯后，按电梯关门按钮，随后再按旅客要到达的楼层数字按钮。如果电梯行进期间有其他旅客进入，服务人员应主动询问旅客要去的楼层，并帮忙按下其楼层按钮。

（三）厅房服务礼仪

引导旅客进入厅房时，服务人员用手指示，请旅客坐下，看到旅客坐下后，才能行点头礼后离开。

1. 热毛巾服务礼仪

在为旅客服务时，热毛巾应放置于客人左手方向。送出时，服务人员应用手握住毛巾盘边缘，注意手指不要触摸到毛巾，回收时，使用毛巾夹和另外的毛巾盘。

2. 茶水服务礼仪

（1）在为旅客进行茶水服务前，应注意不要使用有缺口或裂痕的茶杯，保持茶杯干净卫生。

（2）服务人员在送茶水时，应使用托盘，行走过程中托盘的高度应与自身的腰线齐平。到达后，服务人员在旅客右侧以半蹲的方式，把托盘放在茶几上，双手把茶水放在旅客面前。在递送时，应避免从旅客身后和头顶上方递送，同时提醒旅客小心烫手。

（3）打开茶杯盖时，服务人员应用右手将茶杯盖内面向上放在台面上，不可直接将茶杯盖扣在台面上。有茶杯把的应手持茶杯把手，没有茶杯把的可拿杯子下端。

（4）上茶时不要太满，七分满最为适宜，水温适中。当有两位以上的访客时，端出的茶要颜色一致。

茶柄方向朝向旅客右手边，方便旅客端起。当旅客喝完后，要及时添茶。

3. 酒水服务礼仪

（1）拿取玻璃杯时，服务人员应握住玻璃杯下段，手指不能接触杯口。

（2）倒酒水时，不能把瓶颈放置在酒杯上，倒好酒水后应旋转酒瓶，避免酒水洒漏，同时用酒布擦拭干净瓶颈。

（3）红葡萄酒倒满杯子的1/3，白葡萄酒倒满杯子的2/3。同时，服务人员应向旅客展示葡萄酒的商标，介绍葡萄酒的产地、名称、年份等。更换不同品种的葡萄酒时，应更换新的酒杯。

（四）送客礼仪

（1）根据旅客的航班信息及登机要求，提醒旅客登机时间。礼仪用语可以是："先生，您好！您的航班可以登机了，请往这边走。"

（2）旅客起身后，清点旅客的随身物品，避免物品遗漏或丢失。

（3）当旅客离开后，应在30秒内对座位及桌面进行清理。

· 思政园地 ·

通过对贵宾厅服务礼仪的学习，培养良好职业习惯，提升职业道德、自我修养，塑造服务精神。

· 礼之实践 ·

训练项目	训练目的	训练标准	分值	训练形式	评分方式
迎客礼仪训练	通过训练掌握迎客礼仪的规范	前腹式站姿、面带微笑、双手递接物品	10分	实操练习	学生自评教师点评
电梯引导礼仪	通过训练掌握引导旅客乘坐电梯的礼仪规范	引导时在旅客左前方45°、步速适中、规范引导手势、遵循进出电梯先进后出、以尊为先的原则	20分	情境模拟练习	学生自评教师点评
厅房服务礼仪	通过训练掌握贵宾厅热毛巾服务、茶水服务、酒水服务技能及礼仪规范	避免触碰使用或饮用的物品，使用规范的动作，使用礼仪用语	60分	实操练习	学生自评教师点评
送客礼仪	通过训练掌握送客礼仪规范	提醒旅客登机时间、清点随身物品、清理垃圾	10分	情境模拟练习	学生自评教师点评

· 项目自测 ·

1. 候机楼问询服务根据提供方可分为（　　　）。

A. 机场问询

B. 联合问询

C. 联合问询、航空公司问询、机场问询

2. 候机楼现场问询服务礼仪有哪些？（　　　）。

A. 迎接旅客礼仪 　　　　　　　　　B. 应答旅客问题礼仪

C. 告别旅客礼仪 　　　　　　　　　D. 以上都是

3. 直行带工作要求：排队超过（　　　）人时，增加柜台；团队超过（　　　）人时，增加柜台。

A. 4～5，6 　　　　　　　　　　　B. 6～8，8

C. 8～10，9 　　　　　　　　　　　D. 8～10，10

4. 候机楼值机服务的基本流程有（　　　）。

A. 迎接旅客，收运、托运旅客行李

B. 查检旅客客票及证件，同旅客告别

C. 为旅客安排座位

D. 迎接旅客，检查旅客客票及证件，为旅客安排座位，收运托运旅客行李

5. 酒水服务礼仪中，红葡萄酒应倒满杯子的（　　　）。

A. 1/3 　　　　　　　　B. 2/3 　　　　　　　　C. 倒满

6. 有效的身份证件包括什么？

7. 简述回答旅客问题的技巧。

8. 简述贵宾厅服务中的"三轻服务""循环式不间断服务""零呼唤管理"。

9. 电梯引导礼仪应遵循哪些原则？

✈ 项目二 安检服务礼仪

■ 项目描述 ■

　　在候机楼服务实习中，李丽看到一位旅客因为行李总是无法通过安检机而不满，李丽既需要向他做好解释和服务，更要确保民航安全，确保服务符合规范。李丽应该怎样做才能让她的安检服务获得旅客的认可呢？通过本项目的学习，了解安检服务的职责要求及服务礼仪规范，形成对安检服务的全面认知并及时有效地完成旅客安全检查，提高服务旅客的效率，避免安全隐患的发生，为旅客保驾护航。

■ 礼在身边 ■

　　旅客张女士办理完登机手续准备进行安全检查，安检员要求其脱掉大衣再过检，由于张女士大衣里面只穿了无袖的 T 恤，便说不方便脱大衣。看到张女士不配合安检的要求，安检员很生气，就连接过张女士的手提行李时也没能控制自己的不满，随手将张女士的手提行李扔到传送带上。看到自己的行李被扔到传送带上，张女士非常生气地说："为什么扔我的包？"安检员说："你不配合我们的工作，我为什么不能扔！"两人发生了口角之争和肢体冲突。

寻礼之问

　　你认为在安检服务中应怎样规范自己的言行举止？

　　安全检查是口岸检查的内容之一，是出入境人员必须履行的检查手续，是保障旅客人身安全的重要预防措施。由于安全检查关系到旅客人身安全，所以所有的旅客都必须接受检查后才能登机。口岸检查包括卫生检疫、海关检查、边防检查、动物和植物检疫及安全检查等。

　　机场安检服务岗位主要包括：安检机场岗、前传、飞机监护员、通道控制、民航安全检查员、安检大厅岗、安检关口岗、安检巡逻岗、安检包装岗、门后、操机、开包等。

任务 1　人身安全检查礼仪实训

任务目标：

1. 知道人身安全检查服务人员的岗位职责及要求。

2. 掌握人身安全检查服务人员礼仪规范，并在实践中熟练运用

一、人身安全检查服务的概述

人身安全检查主要是通过检查旅客身上是否携带枪支、易燃易爆物品、腐蚀性物品、有毒物品等，保障航空器及旅客的安全。人身安全检查不存在免检情况，必须在旅客登机前进行，否则不允许登机(见图 4-2-1)。

图 4-2-1　金属探测仪检查

二、人身安全检查的分类

(一)仪器检查

旅客通过安全门之前，安全门前的引导员应首先让旅客取出身上的金属物品，然后引导旅客依次通过安全门。如发生报警，应重复通过安检门检查或使用手持金属探测仪的方法进行复查，彻底排除疑点之后才能放行。

(二)手工检查

没有通过安检门和手持金属探测仪检查的旅客，需进行手工检查。检查人员面对旅客，先从旅客的前衣领开始，至双肩、前胸、腰部止；再请旅客转身，从后衣领起，至双臂外侧、内侧、腋下、背部、后腰部、裆部、双腿内外侧和脚部止。冬季着装较多时，应请旅客解开外衣，对外衣进行一次认真的检查。对女性旅客实施检查时，必须由女性检查员进行。

对经过手工人身检查依旧存在疑点的旅客，需经过安检部门值班领导的批准后，将旅客引导至安检室从严检查，检查需由同性别的两名以上安检员实施。

> 旅客李女士在机场进行安全检查时，当值的安检员随手把李女士的随身挎包投入置物筐内，随后用力甩到传送带上。李女士看到后，提醒安检员挎包里装有电子产品，让安检员在递拿东西时动作小心点，但安检员并未理会李女士，随后又把李女士的钱包和帽子扔在置物筐和传送带上。李女士在结束安全检查后，直接投诉当值的安检员。
>
> 1. 上述案例中描述的是哪个安检岗位安检员的工作场景？当值安检员有哪些礼仪缺失的地方？
>
> 2. 上述案例中，负责人身检查的安检员是否可以在一定程度上对因前序工作导致不满情绪的旅客进行安抚呢？如果可以，应该怎么做呢？

三、人身安全检查服务的礼仪规范

（一）人身安全检查员执勤礼仪规范

（1）安检员上班前不吃有异味的食物，不喝酒、抽烟，不吃零食，上班仪态要端庄。

（2）尊重受检旅客的习俗，对旅客的着装不嘲笑、不指指点点、不围观。

（3）态度端正，检查动作要规范，不推拉、不硬拽旅客。

（4）使用规范的安检礼仪用语，要热情服务，不使用服务忌语。例如："先生/女士您好，请通过安检门""请接受检查""请抬起双手""请将口袋里的东西拿出来检查""检查完毕，谢谢配合"等。

（5）手势规范，尊重旅客，引导旅客登上安检台时应采用低位手势，请旅客转身时采用中位手势。

（6）对于拿着行李过安检的旅客，人身安全检查员要关注旅客情绪，避免因行李检查员的工作失误导致旅客的投诉。

（二）人身安全检查员仪容仪表礼仪规范

（1）男性面容干净、舒适，女性化淡妆。

（2）女性不留怪异发型，长发需盘发；男性不留长发、胡须、大鬓角，注意修剪鼻毛。

（3）执勤时，不能佩戴奇特饰品，按要求着装。

任务 2　开箱包检查礼仪实训

任务目标：

1. 知道开箱包检查人员的岗位职责及检查方法。

2. 掌握开箱包检查人员的礼仪规范，并在实际训练中熟练运用。

一、开箱包检查服务概述

开箱包检查是指对用 X 射线机检查时，图像模糊不清的，X 射线机发现类似电池、粉状物、液体状、导线等可疑物品，X 射线机图像中显示有容器的物品，来历不明的物品等进行的检查。

物品检查的范围：对旅客进入隔离区后进行随身物品的检查；对随机搭运的物品进行检查；对航空货物或邮件进行检查。

二、开箱包检查的步骤

（一）观察外层

安检员需观察箱包的外层，检查箱包外层的夹层、小口袋。

（二）检查内层和夹层

安检员应用双手顺着箱包的每一个侧面上下左右进行检查，需将所有内部夹层以及小口袋检查一遍。

（三）检查箱包内物品

主要检查 X 射线机发现的重点位置和物品，当没有发现具体目标时，安检员应一件一件物品挨个检查。在检查时应区分已检查和未检查的物品，防止搞混或遗漏检查。当发现箱包内带有枪支等物品时，安检员应将其取出并保管好，然后继续检查箱包内其他剩余的物品，对物品主要采取看护措施。

（四）善后处理

安检员检查完毕后，如发现有问题应及时向领导报告，或者移交公安机关处理；如没有发现问题，应把物品整齐地收入箱包内，并感谢旅客的配合。

三、开箱包检查的手法

安检员可通过眼睛、耳朵、鼻子、舌头、手掌等感官进行检查。安检员应根据物品的不同性质，采用不同的检查手法，常见的检查手法有听、嗅、敲、拆、摸等。

四、开箱包检查礼仪规范

（1）安检员站在 X 射线机行李传送带出口处进行行李的疏导，避免箱包摔掉或挤压。

（2）当有箱包需要打开时，开包员在控制箱包后等待物主，当物主到达后，礼貌询问并确定后，才能进行开箱包检查。

（3）开箱包时安检员应侧对旅客，保证旅客能看到自己的物品。

（4）在检查旅客物品时，应轻拿轻放，不乱翻、乱扔旅客物品，避免物品损坏，检查完毕后应主动把旅客物品整理好。

（5）应使用礼仪用语，如"您好，这是您的箱包吗?""我们需要对您的箱包进行检查。""谢谢您的配合!""很抱歉，按民航局的规定，超过 100 mL 的液体不能带上飞机，您可以去办理托运，也可以选择寄存"。

（6）当旅客质疑时，应耐心为旅客解答，不能避而不谈、训斥旅客、刁难旅客。

·触礼旁通·

违禁物品的分类：第一类是枪支弹药，第二类是管制刀具，第三类是钝器，第四类是易燃易爆物品，第五类是有毒物品。

·思政园地·

通过对人身安全检查和开箱包检查的学习，让学生意识到安全的重要性，提高学生的安全意识，做到在执行安全检查时，更加精细化、规范化。

·礼之实践·

训练项目	训练目的	训练标准		分值	训练形式	评分方式
人身安全检查、开箱包检查礼仪训练	通过训练，掌握人身安全检查、开箱包检查的礼仪规范	职业形象	符合民航员工职业妆容标准	30分	情境模拟实训	学生评价教师点评
		服务姿态	体态、手势等符合民航员工标准	40分		
		服务用语	符合服务用语规范	20分		
		面部表情	保持微笑，表情要有亲和力	10分		

·项目自测·

1. 开箱包检查的正确步骤是（   ）。（单选题）

A. 检查内层、检查箱包内物品

B. 观察外观、检查箱包内物品

C. 观察外观、检查内层和夹层、检查箱包内物品、善后处理

D. 观察外观、检查夹层、检查箱包内物品、善后处理

2. 开箱包检查时，以下哪些不是可疑物品？（   ）（单选题）

A. 电池   B. 粉状物   C. 固体状物   D. 导线

3. 常见的开箱包检查手法有（   ）（多选题）

A. 听   B. 嗅   C. 敲   D. 摸

4. 简述人身安全检查的分类。

5. 简述人身安全检查服务人员执勤礼仪规范。

6. 简述人身安全检查服务人员的仪容仪表礼仪规范。

✈ 项目三　客舱服务礼仪

■ 项目描述 ■

　　李丽的职业规划是成为一名空中乘务员，在候机楼的服务中她了解了空地联动的重要性，理解了地面服务与空中服务的关系。客舱服务是航空服务的关键实施阶段，要成为一名合格的空中乘务员，不仅需要掌握客舱服务的技能，更要用心锤炼客舱服务艺术。李丽迫切地需要将所学的沟通礼仪、着装礼仪、行为礼仪、姿态礼仪与空乘专业技能有效融合并呈现在客舱服务中。学习者通过本项目的学习，将前期所学的礼仪知识和技能融会贯通地运用到模拟实训中，提升对客舱服务礼仪的实战能力，养成良好的工作礼仪习惯，提升客舱服务素养。

■ 礼在身边 ■

　　李丽的学姐李静通过面试成了航空公司的实习乘务员，经过培训后，她终于要走向自己的第一个执飞航班了。由于航班时刻较早，李静发现她的夏季制服裙清洗后未干，于是穿上秋季制服裙，并画上精致的妆容，还特意戴上了生日时妈妈送的运动手表。没想到召开准备会时乘务长却对她的着装和配饰都提出了批评。李静很难过，明明已经很用心整理了，为什么乘务长要批评她呢？

寻礼之问

　　1.作为李静的学妹，面对难过的李静，李丽可以跟她说些什么？

　　2.关于乘务员航前的仪容仪表规范，我们了解多少呢？

　　3.航前准备阶段还需要掌握哪些礼仪规范呢？

任务1　航前准备阶段礼仪实训

任务目标：

1.了解乘务员着装礼仪规范。

2.了解准备会礼仪规范。

一、乘务员着装礼仪规范

乘务员职业装能够凸显企业文化和职业特性，它不仅是航空公司和乘务员自身审美的体现，也是满足被服务旅客的审美、航程预约和良好乘机体验的需要。乘务员在穿着制服时，更要特别注意自己的仪表形象，使自己的言行、举止符合制服应表现出的企业文化和品牌价值。

在穿着空乘制服时，应当遵守以下规范。

（一）统一的规范

服从班组安排，服装的季节、款式、配饰等必须统一，如若公司配发的制服有两种颜色，不得混穿。像李静这样，用秋季制服代替夏季制服的穿搭，就违反了服饰统一的规范。

（二）穿着的规范

着衬衫时要将衬衫的下摆束在长裤或裙子里面，如果穿着长袖衬衫，任何时候都应当保持袖口规范整洁，不能将衣袖口卷起；穿制服风衣、大衣时需系好纽扣和腰带；男性佩戴领带要与衬衫领口吻合，紧凑且中正；工号牌要佩戴在左胸的正上方。

（三）配饰的规范

1. 手表

手表是乘务员必不可少的配饰，手表必须3针齐全，12刻度完整，表盘款式简单清晰，不能花哨，不得有卡通图案。男士手表表盘直径不得超过2.5 cm，女士手表表盘直径不得超过1.5 cm，表带必须是皮质或钢制的，不可佩戴运动型手表。李静佩戴妈妈赠送的运动手表，无论是表盘的直径还是表盘款式等都不符合要求，违反了手表佩饰规范。

2. 眼镜

为了服务工作的顺利，也为了机舱安全的需要，平时戴近视眼镜的乘务员在执行航班任务时，必须佩戴隐形眼镜，同时为防止突发情况出现，仍需备一副框架眼镜。

（四）保养和维护的规范

如果用手洗或洗衣机清洗制服，制服会出现褪色和内衬收缩等情况，因此，空乘制服都应通过干洗保持其色泽和版型。

保持制服的干净、整洁、挺括，是制服保养的基本要求。每个航班结束后，应干洗制服；每次执行航班任务前，应熨烫制服。要养成检查制服有无损坏、污渍、掉扣、开线等情况的习惯，若发现拉链损坏、扣子掉落等问题，应立即修理补救。

（五）管理和使用的规范

制服只允许在执行航班任务时穿，如果因出席重大活动或者在特殊场合需要穿着制服时，也应按要求穿着制服，除此之外的其他时间、场合不能穿着制服，更不允许将制服借给他人使用。

二、准备会礼仪规范

航前准备会是客舱乘务人员飞行任务前的一次总动员，由乘务长主持召开。航前准备会的主要内容包括：自我介绍、检查有效证件和仪容仪表、确认航班信息、工作职责分配、准备空防预案和应急预案。准备会礼仪规范包括见面的礼仪规范、物品摆放的礼仪规范、座序的礼仪规范、会议的礼仪规范。以下内容将详细介绍准备会礼仪规范。

（一）见面的礼仪规范

参加航前准备会应至少提前 10 分钟到达会议现场。在航前准备会开始前，与班组成员建立礼貌和友善的人际关系，既能帮助团队尽快融合在一起，也有助于后续的航班合作。因此，主动问候，正确使用见面礼仪是非常重要的。

应主动和其他乘务员微笑问好，可用的礼貌用语如"您好""早安""午安""乘务长您好"等。

如果第一次搭档陌生的乘务员，应先进行简单的自我介绍。可用的礼貌用语如"您好，我们是第一次合作，先做个自我介绍，我叫××，到公司×年了，很高兴今天我们能够合作，请多关照"。

（二）物品摆放的礼仪规范

物品的摆放是一个乘务员严谨规范的体现。参加航前准备会的每个乘务员都会携带公司配发的箱包，到场后，应先将箱包整齐地摆放在规定的箱包摆放区域，然后再落座。

落座后，只能在会议桌子上摆放飞行记录本及公司要求的飞行资料，不可将食品杂物摆放桌上。

（三）座序的礼仪规范

航前准备会通常在小型长会议桌上召开，由当班机组排定的乘务员和安全员共同参与。

参会人员应按照号位级别就座，主位应留给召集会议的乘务长（乘务教员、乘务检查员）。就座后的姿态管理也非常重要，应当双手叠放于桌面，两腿呈90°，坐于椅子的前三分之一处，腰背挺直，不靠椅背，通过姿态向机组传递自己专心、专注、严谨的工作态度，团队良好精神状态可以相互感染，为航班的优质服务奠定基础。

· 触礼旁通 ·

号位级别：在执行航班任务时，每个乘务员都有不同的号位，不同的号位代表不同的岗位职责区域，所以是不存在重复的号位的。分号位是为了让大家分工更加明确，从而能够更好地完成空中服务和安全保障工作。不同的机型，不同的号位职责也是不尽相同的，规定相当细致复杂。不同号位的基本职责：负责几排到几排的服务，分发报纸，紧急脱离门、窗的操作，火情处置等。

（四）会议的礼仪规范

航前准备会通常包括"客舱服务说明""客舱安全相关重点工作信息说明""空防安全工作内容"等。"客舱服务说明"和"客舱安全相关重点工作信息说明"一般由会议主持人负责讲解，"空防安全工作内容"一般由安全员负责讲解。

讲解人员在发言时，其他人员不能随意插话，但可在主持人允许提问时举手示意，在获得允许后发言。不带着疑问进客舱，不带着困惑做服务，是航前准备会要达到的基本目的。

寻礼之问

航前准备阶段的礼仪中融合了前面课程中的哪些重点知识？

·礼之实践·

讨论航前准备会应注意的内容，5人组成一个乘务组，进行航前准备会礼仪模拟演练。

场景：青岛—北京QH5866航班，1名乘务长、4名乘务员，进行1~5号位抽签。

训练要求：从进入准备室开始，模拟演练见面礼仪、物品摆放礼仪、座序礼仪、会议礼仪。

·思政园地·

虽然航前准备会仅是飞行四阶段中小小的一部分，但是在确保航班安全和为旅客提供优质舒心的服务方面起到了至关重要的作用。

寻礼之问

刘慧是某航空公司的乘务员，在重庆飞往三亚的航班上，乘务长将刘慧安排在前登机门处迎客。由于正值三亚旅游旺季，此航班旅客非常多。站在舱门口迎客的刘慧觉得很热，没站一会儿刘慧就开始不耐烦了，可是此时才只有一小部分旅客登机。在接下来的迎客中，刘慧脸上的微笑慢慢消失，面对旅客的询问，她也只是随手一指，一副懒散不耐烦的样子。

1. 你觉得刘慧做得对吗？
2. 对于迎客的礼仪规范，你知道多少？

任务 2　空中实施阶段礼仪实训

任务目标：

1. 了解迎客礼仪规范。
2. 掌握餐饮发放礼仪规范。
3. 掌握航程中问询礼仪规范。
4. 了解客舱安全检查礼仪规范。

一、迎客礼仪规范

良好、得体的礼仪运用，会带给旅客专业、亲切、温馨的印象，为后续提供的客舱服务奠定良好的基础。

（一）仪容仪表整理的规范

当航前准备会结束后，乘务员会按要求在客舱内进行航前准备任务。此期间，乘务员需为旅客准备航程中所需的餐食、饮品、毛毯、杂志等机上供应品，以保证旅客登机后能顺利使用。

航前检查后机组很快就会迎来旅客登机环节。此时，乘务员需要再次进行仪容仪表的检查。检查内容包含发型、妆容、制服、鞋袜。

寻礼之问

> 旅客登机时，迎客的客舱乘务员应该站在哪里呢？

（二）迎客站位与站姿的规范

迎客时，客舱乘务员要站在旅客一眼能看到的地方，确保及时为旅客解答疑问并提供服务，同时，乘务员要在机舱狭小的空间和通道内给旅客最大的通行方便。通常，乘务员会根据自己的职位和舱位站立在不同的位置。

（1）前舱乘务长与头等舱乘务员：站立在登机门处迎客。

（2）其他乘务员：根据公司的要求均匀分布在客舱中，统一站在右侧靠过道的座椅后，不可挡住过道影响旅客登机。

（3）迎客时女乘务员采取"前腹式，丁字步站姿"，男乘务员采取"前腹式，平行步站姿"。

（三）迎客的手势规范

迎客时要一直保持微笑，并耐心为旅客引导座位或协助安放行李。乘务员应双手接

过旅客登机牌，并且手指并拢，手心朝上与水平面呈 45°；拇指与食指轻拿登机牌边缘，迅速查看信息后交还旅客，同时根据旅客座位距离的远近，采用高、中、低位手势指引。

（四）行礼的规范

迎客采用 15°鞠躬礼。行礼时，目光注视乘客，前倾 15°，后背、颈部挺直并面带微笑，表示欢迎之意。

（五）迎客用语的规范

恰当使用欢迎语对登机旅客进行问候，如"您好""欢迎登机""早上好"。

要正确使用称呼语，对男士统称为"先生"，对女士统称为"女士"，对小朋友统称为"小朋友"。

当回答旅客登机时对座位和行李的询问时，要采用规范的服务用语，如"请您出示一下登机牌""您的座位在×排×座""请您将行李放在头顶上方的行李架上"等。

（六）开关行李架的规范

迎客时要时刻协助旅客安放行李，整理周边的行李架。开关行李架时，应牢记安静原则，扣住行李架锁扣，轻轻开关，避免大力摁压发出声响。

· 礼之实践 ·

情境演练：

"请乘坐 QH4543 航班由青岛飞往上海的旅客开始登机。"随着广播的播报，旅客们陆续开始登机。乘务员在客舱门口和客舱内迎接旅客。

训练要求：15 人为一组，分组模拟，10 名同学模拟旅客，5 名同学模拟客舱乘务员，根据情境模拟演练迎客站位、引导姿态、微笑及迎客语言。模拟后总结并互换角色。

二、餐饮服务礼仪规范

（一）餐饮服务的动作礼仪

提供餐饮服务，是航班飞行时乘务员最主要的工作。乘务员通过"端""拿""倒""送""放""收""推拉"等动作，实现对旅客的服务。掌握这些动作的规范，既是服务礼仪的需要，也是对旅客安全负责和尊重旅客的需要。

1. 端的礼仪规范

端盘时，要求双手端托盘的后半部分。为节约在狭窄客舱中的空间，乘务员要求将托盘竖着端，大小臂呈 90°，四指并拢托住托盘的下部，拇指扶在托盘的外沿。如果需要端着装物品的托盘完成转身动作，也要做到只有身子转，托盘不转，以保证托盘的稳定和安全。

2. 拿的礼仪规范

当乘务员手拿杯子、酒瓶等物品时，应握住其下部的 1/3 处；拿杯子时，无名指和小指托住杯底，其余三个手指扶住杯身。

3. 倒的礼仪规范

倒酒水、饮料时，左手垫一块餐巾后再拿杯子，拿住杯子下部 1/3 处，杯子倾斜成 45°，右手执瓶斟倒。

如果要为旅客提供饮料，应倒至杯子的七分满就可以，以防止飞机颠簸时饮料溢出；如果是给儿童旅客倒饮料，倒至杯子的五分满即可；倒带汽的酒或饮料时，应将杯子倾斜 45°，以免泡沫溢出。

4. 送的礼仪规范

送餐食饮品时应从前至后、先里后外、先左后右，先女士后男士，小孩、老人、外宾优先。

为左边的旅客服务时用右手递送，为右边的旅客服务时用左手递送，这样才能保证乘务员在服务时身体面向旅客，产生亲切感。

小吃、纸巾应放在筐内或小托盘内，包装标记正对旅客，乘务员应四指并拢，拇指卡住边缘，不能伸进筐内或盘内，以方便旅客自取。送餐时，餐车门应在服务间时就提前打开，应从上至下抽取餐盘发放。

特别值得一提的是，为提升旅客的飞行体验，形成旅客黏性，航司会在特殊时段的航班(如除夕航班、航司纪念日航班、航司首飞航班等)上为旅客准备赠品，赠品有可能是全部旅客都能获得的，也有可能采用抽奖形式发放。对旅客来说，能获得赠品是一件非常开心的事，乘务员要有效利用这样的机会做好航司品牌宣传。

为旅客送礼品时，要用大托盘装，将礼品摆放整齐美观，标记需正面对着旅客。

5. 放的礼仪规范

乘务员无论在客舱还是服务间内，均要遵守"轻""稳""准"的原则，避免发出大的声响。

6. 收的礼仪规范

收物品的时候应该先收过道旅客的物品，后收靠窗旅客的物品，做到先外后里。收旅客的饮料杯时要用托盘，收餐盘则必须使用餐车收取。收取时都要在托盘或者餐车上由里向外摆放，餐盒垒在一起时，最多不超过 5 个。

7. 推拉的礼仪规范

推餐车时，双手应扶在餐车上方左右两侧，双手略用力推动餐车，但不可用力过大、

过快，以保持餐车上的物品平稳，注意不要撞到旅客的手脚和座椅扶手。

（二）餐饮服务语言的礼仪规范

乘务员在进行餐食服务时需要通过规范用语主动向旅客介绍餐食的种类、烹饪方法和特色。

服务的话术规范如："先生/女士，您好！我们今天为您准备了牛肉面和咖喱鸡肉饭。请问您喜欢哪种呢？"在介绍热主食时，要将食物的全称介绍清楚，让旅客清晰明了地知道餐食的主要特点，这既是一种主动沟通的需要，也是高效服务的需要。

当获得旅客确认的回复后，乘务员用递送规范进行服务，并采用提醒用语让旅客注意安全，规范话术如："好的，热食有些烫，请小心接好。""请当心，不要烫到小朋友。"

有时候发放到后排旅客时，餐车上会出现没有餐食选择的情况，乘务员需要第一时间确认是否还有备份，如果确实没有可供旅客选择的情况出现，乘务员应主动向旅客表达歉意。规范的服务话术如："真的很抱歉先生/女士，我们所有的牛肉饭（咖喱鸡肉饭）都发完了，您看这款咖喱鸡肉饭（牛肉饭）也很不错，建议您尝一下。"

在进行饮料服务时，也需要主动介绍饮料品种，常用服务话术如："女士/先生您好，我们为您准备了橙汁、可乐、咖啡、绿茶，请问您需要喝点什么？"获得旅客确认后一定要逐一回应："好的，请稍等！"

乘务员在使用规范的话术进行餐饮服务时，还要注意身体姿态，面带微笑注视和服务旅客，给旅客良好的体验。

·礼之实践·

情境演练：

"飞机已经到达平飞高度，现在乘务员将为您提供餐食，今日的餐食种类为咖喱鸡肉饭、牛肉面……"

随着广播的播报，同学们开始进行餐饮服务练习，一组模拟旅客，另一组模拟乘务员，分别进行练习。（1）推餐车为旅客提供饮品、餐食。（2）使用托盘为旅客发放小吃、纸巾。

三、航程中问询礼仪规范

在客舱服务中，民航客舱乘务员会与不同旅客打交道。采用合适的语言技巧，掌握规范的服务话术，可以提升沟通效率，提升服务品质。

（一）对特殊旅客的称呼规范

对男性旅客我们称呼为"先生"，对女性旅客我们称呼为"女士"。在航班上乘务员会提前获得一些重要旅客乘机的信息，对这类旅客的称呼要采用其最大的职务，如"首长您好""处长您好"。服务商务舱的旅客时则要采用姓氏与职位相结合的尊称，如"李总您好""王董您好"，在不确认旅客职位的情况下，可采用姓氏与性别相结合的方法，如"张先生您好""王女士您好"。

（二）向要客介绍时的规范

航班上有重要旅客时相应号位乘务员需要主动向他们作自我介绍，同时需要主动及时告知其航班动态。服务应答如"王总您好，我是××航乘务员××，很荣幸为您提供服务，今日航线飞行 2 小时，目前航班时刻正常，航程中可能会遇到颠簸，请您系好安全带，如有任何需求请您随时叫我"。

（三）旅客呼唤时的应答规范

航程中经常会遇到旅客通过呼唤铃呼唤的情况，他们有时会提出一些服务要求，有时会询问航程信息，这时我们需要面带微笑，有耐心、准确地使用称呼和礼貌用语回答旅客问题。

应答旅客关于航程信息的规范用语如"先生/女士，您好，今日航班飞行 1 小时 40 分钟，航程中有任何需要请您按呼唤铃，很乐意为您提供帮助"；应答旅客服务需求的规范用语如"女士/先生您好，请问有什么需要"，了解旅客需求后的规范用语如"好的，马上为您提供"。

（四）应答时的姿态规范

不可长时间让旅客仰头沟通。乘务员应采取蹲姿，蹲于旅客位置的斜 45°处，不可将过道挡住，也不可距离过近。通常采用"高低式蹲姿"，下蹲时右脚在前、左脚在后，右小腿垂直于地面，全脚着地。左膝由后面伸向右侧，左脚跟抬起，脚掌着地，两腿靠紧，合力支撑身体，臀部向下，上身稍前倾。

（五）应答时的礼貌常规用语规范

乘务员在任何时候应答旅客都要习惯性使用"您好""请""谢谢""对不起""再见"等礼貌用语，从而有效拉近乘务员和旅客之间的距离，实现有效沟通。

· 触礼旁通 ·

影响沟通的四个因素

情绪因素：空乘服务的任何一方处于情绪不稳定状态，如高压力、愤怒、兴奋时，可能会出现词不达意、非语言行为过多的情况，从而影响沟通效果。

表达技巧：不恰当地运用沟通技巧，会影响有效沟通，如改变话题，给旅客一种不愿与之沟通的感觉；主观判断或匆忙下结论常常会使沟通中断；虚假、不恰当的安慰，针对性不强的解释会给旅客一种敷衍了事、不负责的感觉。

个人因素：个人表达能力不足时会产生沟通障碍。

环境因素：客舱的光线、温度、噪声、整洁度等都会影响沟通的效果。

· 礼之实践 ·

情境演练：

请同学们互相扮演旅客和乘务员的角色，旅客向乘务员提问，乘务员作出应答。

四、客舱安全检查的礼仪规范

每一个航班起飞与落地前，乘务员都要进行客舱安全检查。客舱安全检查项目很多，乘务员尤其要注意检查时的行走规范、手势姿态规范和语言规范。

（一）安全检查时的行走规范

在进行安全检查时乘务员会在客舱内前后走动并巡视，乘务员要保持身体的协调、稳重，给人安全轻盈的感觉。行走时除保持收腹、收臀、提气外，要注意步伐和速度适中，保持走在一条直线上。

安全检查期间，飞机已经开始滑行，此时乘务员需要克服因飞机滑行的影响产生的行走困难。可偶尔单手托扶客舱行李架，保证行走的稳定性和美观性，但需注意，要避免手臂触碰旅客头部。

（二）安全检查时的手势规范

安全检查的重点是旅客的安全带是否按规定系好，旅客座位上是否有不该摆放的物品，靠窗旅客的遮光板是否打开，旅客的座椅是否调直，小桌板是否收起，手机是否关闭或调到飞行模式，出口座位旅客是否按照要求摆放行李等。如遇旅客未达到要求，乘务员需进行指导并协助调整。乘务员需要用规范的手势引导旅客进行调整，引导时要真诚，辅以眼神、表情及服务语言以获得旅客的理解和配合。

（三）安全检查的语言规范

乘务员在进行安全检查时，为保证旅客按要求做好相关工作，需要和旅客进行语言交流。在此期间，如果乘务员言语生硬，不仅不能快速达到安全检查的效果，还会给旅客造成不好的印象，甚至直接造成服务投诉。因此，乘务员需注重话术礼仪，以"请"字开头，以"谢"字结尾，如"您好，请您调直座椅靠背，谢谢您的配合"。

·触礼旁通·

为什么要进行安全检查？

起飞下降期间是飞机事故率最高的阶段。为降低无准备迫降的伤亡率，民航飞机在运行过程中要求在起飞和降落时进行安全检查。

·思政园地·

在我国，礼仪文化中蕴含着责任担当。客舱安全检查工作是飞机飞行关键阶段的重点工作任务，作为一名民航从业人员，安全意识、责任意识永远是处于第一位的。掌握好客舱安全检查礼仪，能够培养民航从业人员的当代民航精神，凝聚民航人的职业自豪感和精气神，从而更高标准地完成安全检查相关工作。

·礼之实践·

情境演练：

1. 请结合本任务所学的安检的行走、手势、语言规范，在模拟舱开展安全检查情境模拟活动。

2. 安全检查期间，乘务员小李发现旁边的旅客正在使用手机打电话，此时小李应该如何进行沟通？

·项目检测·

1. 制服统一规范要求中，服装的（　　）必须统一。

A. 大小、颜色、腰带

B. 配饰、鞋子、颜色

C. 季节、款式、配饰

2. 着制服时，工号牌要佩戴在（　　）。

A. 右胸　　　　　B. 右胸正上方　　　C. 左胸正上方

3. 手表是空勤人员必备的配饰，对手表的要求是必须具备（　　）。

A. 2 针 6 刻度　　　B. 3 针 12 刻度　　　C. 任意刻度

4. 戴近视眼镜的乘务员在执行航班任务时，必须佩戴（　　），同时为防止突发情况，还需要备一副（　　）。

A. 隐形眼镜、框架眼镜

B. 彩色眼镜、隐形眼镜

C. 框架眼镜、美瞳

5. 召开航前准备会时应该注意乘务员到场后，应先将箱包(　　)然后再落座。

A. 随意安放

B. 放在腿边

C. 整齐摆放至指定区域

6. 旅客登机时，迎客的客舱乘务员应该站在哪里迎客呢？

7. 请写一写迎客时或回答旅客登机的询问时应该说哪些语言。

8. 请写一写端托盘时应注意哪些礼仪规范。

9. 如果你是本次航班的头等舱乘务员，需要向旅客张总做自我介绍，请写出您的自我介绍内容。

10. 请写一写在安全检查中乘务员需要注意哪些礼仪规范？

拓展模块 礼仪活动策划

项目一　学习策划礼仪情景剧

● 项目描述 ●

　　实习结束的李丽回到校园，熟悉的校园生活让她充满活力。又到了一年一度的艺术节，李丽和同学们想着要将实习期间的经历通过情景剧向其他同学展示，但是怎样创作和编排礼仪情景剧就难住了她。通过本项目的学习，了解情景剧的释义和作用，学会创作情景剧。

● 礼在身边 ●

　　情景剧是一门综合性表演艺术，演员根据故事情节，通过语言、表情、肢体、情感的合理配合，生动形象地将故事最原始、最真实的一面展现给观众。礼仪情景剧作为和学生生活最为贴近的艺术，它综合了文学、美术、音乐、舞蹈、语言、社会情感等多个领域，能够在礼仪训练中起到重要的作用，促进学生全面发展。

寻礼之问

　　1. 你看过的情景剧有哪些？试着举几个例子。

　　2. 你觉得应如何演绎礼仪情景剧？该选择什么样的情景剧来训练呢？

任务 1　礼仪情景剧认知

任务目标：

1. 了解情景剧的释义和作用。

2. 了解礼仪情景剧的特点和创作思路。

一、情景剧的释义和作用

(一)情景剧的释义

情景剧是集小品、相声、戏曲、音乐剧、木偶剧、皮影戏等多种艺术表现形式于一体的舞台演出形式。其中包含喜剧因素，但比喜剧更夸张，与话剧有相似之处。情景剧，顾名思义，是发生在某一特定时间和地点的事情。也就是说，每一个发生在某一特定时间和地点的故事，都可以被看作一部情景剧，而这部情景剧的内容，既源于现实，又高于现实。情景剧最大的特色在于：它既是即兴表演的舞台剧，也是没有任何剧本的舞台剧，无论导演、编剧的工作，还是灯光、音响效果的呈现，都由参演者自己负责，所以情景剧更适合观众的审美。

情景剧的题材丰富，涵盖生活的各个方面，如人们熟悉的各种婚礼庆典、工作场景中的故事、细节等。除了严肃的主题，搞笑也是情景剧经常涉及的话题，还有教育、环保、社区建设等话题。情景剧有三大元素：主角、故事、场景。创作情景剧有两个原则：必须有一个故事(剧本)，并且将全剧主线故事和其他辅助故事通过合理的方式串联起来；必须有完整的故事情节，包括开端、发展、高潮、结局。另外，要使情景剧更加生动、真实，可以运用虚构的手段。情景剧可以没有台词，演员通过表演肢体动作，配合背景音乐，演绎一段故事，强调故事性、娱乐性。情景剧形式短小精悍、幽默风趣，也更适合当今的都市生活。

(二)情景剧的作用

情景剧表演通过其独特的艺术性和创造性，打破了传统教育形式。它注意教育启发和适度引导，通过在剧中渗透人际交往、生活调节、情绪管理等因素，引导学生在演出中理性思考，发展礼仪素养。

1. 情景剧促进学生审美能力的发展

情景剧的内容非常丰富，情景剧教育可以培养学生对艺术的兴趣。同时，情景剧表演训练可以提高学生的审美能力和团队意识，使学生善于观察生活，发现工作和生活中的点滴细节。

2. 情景剧促进学生情感的发展

情景剧的创作和表演离不开学生对职场和生活的体验。情景剧表演能大大促进学生情感的健康发展，使其明辨是非，产生同情心和自豪感，并提升道德情感。

3. 情景剧促进学生想象力、创造力以及语言的发展

情景剧表演能够促进学生想象力的发展。学生能够在内容丰富的故事表演活动中，

运用想象进行再创造，从而提高创新能力，培养语言能力。

二、礼仪情景剧的特点和创作思路

（一）礼仪情景剧的特点

情景剧具备以下两个特点。

1. 喜剧性

情景剧源于美国肥皂剧，以打发时间为主。情景剧的喜剧性体现在情景对话上，主要以幽默的语言方式打动人，这就要求演员具有很强的表达能力。

2. 场景化

礼仪情景剧的主题，一定是与礼仪规范相关的，也是岗位需求或专业需求所要强化的行为规范。与其说在饰演情景剧，不如说在演绎礼仪状态。尤其是我们在进行礼仪展示时，结合自身专业或课程特点，增加故事情节或对实际工作中发生的事件进行展示，能够对礼仪训练起到极大的辅助作用。

（二）礼仪情景剧剧本的创作要素

要创作礼仪情景剧，首先就要构思好故事走向、人物关系、情节高潮、主题思想等。美国好莱坞有一套编剧规律，即开端、设置矛盾、解决矛盾、再设置矛盾，直至结局。中国也有自己的编剧规律：起承转合。

（三）情景剧本刻画人物推进和表达剧情的思路

（1）对情景表现的舞台设计思路：包括人物表、舞台美术、环境、音响、人物上下场、人物对话的姿态、动作、表情、心理活动等。

（2）对情景中人物的对白和唱词的设计思路：独白、旁白、对白，是剧本的主要组成部分，其任务是展开情节、提示人物性格、表现主题思想。

任务2 礼仪情景剧舞台表现实训

任务目标：

1. 了解礼仪情景剧的舞台"入画"。

2. 掌握礼仪情景剧的编创方式。

一、礼仪情景剧的"入画"

礼仪情景剧舞台区域的划分是导演处理舞台调度的基本依据。舞台区一般分为六个区，即1—中前区、2—中后区、3—右前区、4—左前区、5—右后区、6—左后区，其中

1 为焦点区，2、3、4 为次焦点区，5、6 为末焦点区(见图 5-1-1)。

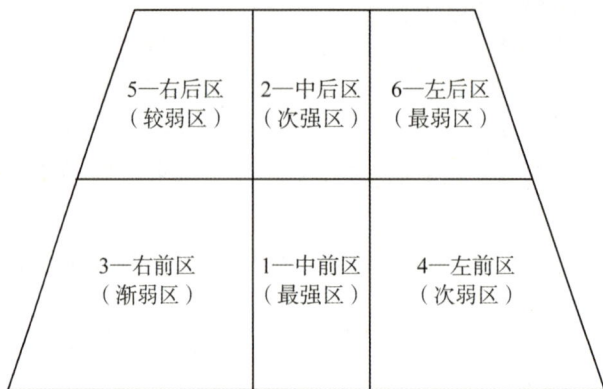

5—右后区 （较弱区）	2—中后区 （次强区）	6—左后区 （最弱区）
3—右前区 （渐弱区）	1—中前区 （最强区）	4—左前区 （次弱区）

图 5-1-1　舞 台 区

(一)情景剧情境的最终"入画"

入画指的是角色进入拍摄机器的取景画幅中。整个事件应具备完整的结构、冲突、人物行动和人物关系。

从选画开始，古今中外不限，油画、水粉、国画、照片等素材均不受限制。所选作品必须取材于社会或家庭生活，同时画面应以人物为主，但不必太多，要求人物之间应该有一定的关系。

在画面所表现的瞬间当中，运用想象力发掘出一个可以在画面空间里展开的故事。要求创作环境、人物服饰、场景道具应尽可能地和画面相一致，这也是将剧本变成镜头画面的手段。

(二)由画面内容展开规定情境

当舞台上没有人物时，可全用物件、道具构建环境，使观众一看"便知"发生了什么事情或者接下来有可能发生什么。在此场景画面的基础上，学生可进行小品的构思和行动。

学生可以运用场景道具、服装道具等营造舞台环境，根据舞台环境组织人物行动，从而揭示规定情境中的各要素。

二、礼仪情景剧的编创方式

礼仪情景剧是礼仪教学中非常重要的教学形式和方法。它通过情境模拟和角色扮演，让学生主动参与、自主编排，身临其境地进行演绎，通过具体的舞台形象再现日常生活、社会交往和相关工作岗位中综合运用礼仪知识、技能进行沟通和服务的情景，达到教育启发的目的。

礼仪情景剧是礼仪课堂教学的延伸，结合相关知识点和技能点，创设一个具体的场景，针对一个主题进行相关事件的演绎，是推动人们文明礼貌行为进程的艺术表现形式。礼仪情景剧的创作要先选择主题，然后进行人物设计，撰写剧本，最后再斟字酌句地修改，一是要体现情景剧层面的原创性、完整性、戏剧性，二是要体现价值观层面的教育性、创新性和吸引性。

在设计礼仪情景剧的编排思路时，不仅要注重对礼仪知识点和技能点进行内化，弘扬社会主义核心价值观，更应注重观赏性和舞台效果。舞台效果的呈现，一方面在于演员的服装、语言表达、神情动作、情感集聚和爆发；另一方面在于道具的使用，技术手段的应用和背景音乐、视频画面的渲染。

（一）掌握角色认知

要想自然得体地演好一个人物角色，就必须认真揣摩角色，熟悉这个人物在剧中的担当和定位。礼仪情景剧的指导教师要担当起导演的角色，将自己对人物角色的认知讲给学生，让学生快速进入角色，设身处地地了解人物的困境，建立起对角色的认同感，为更好地诠释角色打下良好的基础。

例如，一则乘机故事——《无陪伴儿童》如下。某航班飞行前，迎来一名无陪伴儿童。该儿童因第一次独立乘坐飞机，显得非常紧张。机组成员根据"无陪伴儿童"的服务要求，对该儿童进行了特殊的照顾和服务。此时，乘务员的语言要显得自然、有亲和力，还要安慰该儿童。扮演儿童的学生需要深刻体验，指导教师要从说话的语速、语气、语调等方面，逐字逐句地对学生进行指导。例如，情绪的变化、动作的变化、眼神的变化等。

（二）学会艺术渲染

礼仪情景剧除了要注意演员的入戏技巧外，还要借助艺术渲染表达情景剧中人物内心的冲突及情感升华。具体要注意以下几点：一是演员的服装应符合人物设定的要求；二是所用道具尽量真实，并具有可操作性以满足演出所需；三是根据事件的发展，制作不同背景画面，并辅之以相应的音乐，使观众从视觉、听觉、情感上都能获取良好的感受。

（三）体现情感升华

礼仪情景剧从基调来看，必须设定为传播正能量，宣扬社会主义核心价值观的正剧。因此，在情景剧的结尾一定要突出主题，将人物情感推至高潮，让观众情绪饱满，在悄无声息中受到启发和教育。

例如，在表演《无陪伴儿童》乘机故事时，背景音乐是温馨、和谐的无人声伴奏。

综上所述，礼仪情景剧的创作和编排不仅要加强专业礼仪教育的知识渗透，更要实现与文化素质教育的有机贯通。教师可通过礼仪情景剧的教学方法，创新礼仪课堂教学形式，提高课堂吸引力，实现教书与育人的完美结合，增强学生"律己敬人"的体验和感悟，提升其道德情操和精神境界。同时，也让广大青年学生从中华优秀礼仪文化中得到滋养，增强底气，更加坚定文化自觉与文化自信，努力成为社会主义事业的合格建设者与可靠接班人。

寻礼之问

你会怎样设计情景剧结构

恰逢老师生日。三名同学一起去老师家拜访。

来到老师家，老师夫妻热情招待（具体内容自己安排，如称呼上、饭桌上等的细节）。此时，另一波同学前来拜访。相处中因为习惯不同闹出了笑话。

三人在回家路上互揭老底，悉数对方礼仪不到位之处（如就座的位置、握手的力度代表什么等）。三人表示要立志学习文明礼仪。

根据你对礼仪规范的了解，可否对其中的故事进行情景剧结构创造？你会怎么设计情景剧的结构呢？

·礼之实践·

图 5-1-2　销售场景

图 5-1-3　面试场景

图 5-1-4　餐厅场景

图 5-1-5　机场服务场景

1. 自行选取图片，分析画面中的可视内容，从而进行人物关系和事件的分析讨论。

2. 准备两幅入画的图片进行作业的编排。

3. 创造一个具有行动性和实践性的舞台环境，从而开展活动。

· 项目自测 ·

1. 礼仪情景剧舞台区域的划分是导演处理舞台调度的基本依据。舞台区分为( )个区。(单选题)

A. 4　　　　　　B. 5　　　　　　C. 6　　　　　　D. 7

2. 美国好莱坞有一套编剧规律，即开端、设置矛盾、解决矛盾、再设置矛盾，直至结局。中国也有自己的编剧规律，即( )。(单选题)

A. 浓淡相宜　　　B. 高低错落　　　C. 抑扬顿挫　　　D. 起承转合

3. 对情景表现的舞台设计思路包括_____、舞台美术、环境、音响、_____、_____、_____、表情、心理活动等。

4. 情景剧的三大元素是( )。(多选题)

A. 主角　　　　　B. 故事　　　　　C. 场景　　　　　D. 时间

5. 请简述创作礼仪情景剧的基本原则。

项目二 民航服务礼仪表演

■ 项目描述 ■

　　李丽和同学们受邀为社区做一场有关民航服务礼仪的表演，他们非常高兴，希望通过这次的表演展示同学们良好的礼仪素养，并向社区传递民航礼仪知识，让更多的人了解民航、理解民航，为民航服务质量的提升做贡献。怎样才能编排出好的民航服务礼仪表演呢？李丽和同学们一起努力准备着。本项目将对民航服务礼仪技能的展示素材要求、内容设计、分析与创作思路进行探讨，用艺术的表达传递礼仪文化，强化服务礼仪意识。

■ 礼在身边 ■

　　某高校每年举行五四礼仪时装秀，以航空职业礼仪和技能展示为主，让每一名学生参与进来并成为主角，对标国际赛事的高规格、高水准，全方位展示学生的职业风采和时尚风貌。从班级普及赛到最终T台呈现，通过形形色色的编排和服装自制，同学们展现了高度职业化的民航员工的专业素质。

视频：礼仪时装秀

寻礼之问

　　你能否根据自己的观察进行礼仪技能表述和展示？能否针对自身专业或岗位需求进行礼仪规范解读？

任务 1 礼仪表演认知

任务目标：

1. 认识礼仪表演。

2. 掌握礼仪表演的要求与原则。

一、何为礼仪表演

　　有"盛世鸿儒"之称的唐代文化名人孔颖达曾说："中国礼仪之大，故称夏；有服章之美，谓之华。华，夏一也。"中国是传承千年的礼仪之邦，声教播于海外。相传在 3000 多年前的殷周之际，周公制礼作乐，就提出了礼治的纲领。其后经过孔子和七十子后学，以及孟子、荀子等人的提倡和完善，礼乐文明成为儒家文化的核心。西汉以后，作为礼乐文化的理论形态和上古礼制的渊薮，《仪礼》《周礼》《礼记》先后被列入学官，不仅成为古代文人必读的经典，而且成为历代王朝制礼的基础，对于中国文化和历史的影响之深远，自不待言。

礼仪表演，即把约定俗成的礼仪规范或要求通过公众表演的方式，将风貌、风尚、素养、特色展示出来。

寻礼之问

表演艺术的创作任务要求演员创作出来的人物形象具有审美的价值，达到真、善、美的和谐统一，这也是创作者和观赏者共同追求的标准。你认为礼仪表演中的美来自何处呢？

触礼旁通

美来自何处？

1. 美源于大自然

自然界的各种动植物最能引起人们的审美感受。古代人类在大自然中采集和狩猎，就会对所采集和猎取的动植物进行鉴别和比较：它们具有什么属性？它们对人有什么益处？它们生长在什么地方？同时人类对日出日落、风雨雷电、斗转星移等自然现象，也有了最原始的认识和想象。人类最基本的美感源于自然。

当人们从情感上把自然界同人类加以联系，并进行对比和评价，自然现象就被赋予了意识形态的意义。例如，我们古代神话中的盘古、后羿、嫦娥以及河神、山神等。当自然与人类社会实践（生产生活）产生了联系，自然物就成了人化的自然物。自然物就不仅有单纯的自然属性，也具有了社会属性。人生活在大自然中，必然受到大自然的感染和熏陶，感受到一种情趣和活力，无疑就会将自然人格化。例如，用高山比喻人品德的厚重，用大海比喻人心灵的宽广，用花朵比喻美女。大自然的美化为精神美、心灵美，从而激发人类更高的追求——生活美。从自然美到心灵美，再到生活美，大自然中的一切都有了社会意义。

2. 美源于劳动

自古至今，美都来自劳动。当人类直立行走，在劳动中解放出自己的双手以后，也

就解放了自己的身体。他们筑巢、耕作、取火、狩猎，不仅可以更好地生存，也提升了身体的匀称性和动作的精确性、优美性。有节奏的劳动中显现了男性的力度和女性的柔美，锻炼了面部表情的灵活性。通过劳动、征战、祈祷的各种动作、姿态及节奏，人们看到了人体自身的美，由此开始注重精神内容的表达。如收获时的喜悦、征战时的勇敢、祈祷时的虔诚等，所以祈祷、求福、插秧、伐木均有不同节奏的歌曲，不仅表达了劳动美，也创造了艺术美。因此，美来源于劳动，它存在于劳动之中。

3. 美源于社会

人类在发展过程中不仅履行自己的劳动职能，也履行自己的社会职能。例如，古代人们围猎、征战、祈祷、祭祀时，都会以一种有节奏的形体动作、统一的步伐和声音表达共同的心理诉求。人们以社会成员的身份参加生产劳动，根据生产成果、社会职能的大小排序。这说明人们已学会从社会性的审美角度评价、展示自己。例如，在一些活动中，重要人物总要排在前面，次要人物排在后面，这就表现了对人的社会性的尊重。又如，原始部族中强壮的猎人，因为他们勇敢、健壮、有力量，能获得更多的生活必需品，人们就爱戴他们、尊敬他们。同时，他们也用猎物的牙齿等装饰自己。部族首领也常用野兽的毛皮做头饰，以表明自己的身份和地位，给予身份和荣誉以特殊的强调。这样，美就具有了社会性。

我们之所以崇敬一些人——政治家、企业家、文学家、音乐家、英雄模范，很重要的原因就是他们所具有的社会性。例如，助人为乐的郭明义、克己为人的白方礼、"打工皇后"吴士宏、义务到农村支教的大学生张爽、舍己为人的"最美教师"张丽莉、"最美司机"吴斌等，都体现了其社会性。

4. 美源于种族特性

在人类的发展进程中，不同的种族、民族有着不同的历史和地域特点，千百年的发展演变使其形成了不同的社会特征和生产生活方式。

不同的生活方式所展示出的高度的种族特性，给人以深刻的审美印象并具有独立的审美价值。例如，藏族生活在西部高原，所以有一种粗犷彪悍的美；而傣族生活在西双版纳，傍水而居，因此具有柔和清丽的民族特色和独有的形体韵律特征。

正如歌德所说："我们周围有光也有颜色，但是我们自己眼里如果没有光和颜色，也就看不到外面的光和颜色了。"所以我们应该发现美，从大自然、劳动、社会生活及民族特性等方面发现美、学习美。人们对美的追求从来没有中断过，人们对美的欣赏从来没有改变过，人们崇尚美、追求美。所以，开发自身的表现力，只有以美为前提，才能被社会和他人欣赏接受，才会使自己更具亲和力、吸引力。

想一想：哪些对象能引起人们的美感？美究竟来自哪里？

二、礼仪表演的要求及原则

礼仪表演可以是个人礼仪表演，也可以是群体礼仪表演，无论是单人还是多人，礼仪表演的衣着总体要求都必须是干净整洁，绝对不能穿背心、拖鞋、短裤，不能赤膊或者赤脚。规范言行，按知"礼"晓"义"的要求，在表演中结合自身专业表演特点的需要，做好舞台礼仪的工作，以期演出成功。

运动是一切事物发展的基本规律，也是事物生命力的具体表现形式。礼仪表演作为最接近生活形态的艺术门类，反映的恰恰是实际工作中人的礼仪行为、动作、思想和事物之间复杂的变化过程，因此礼仪规范自然而然地也就成了礼仪表演艺术的核心。这也是礼仪表演的原则，从形象、行为、眼神等方面都必须体现"规范"二字。

·礼之实践·

做"你在哪里"练习。通过自己的形体动作和礼仪行为表明自己在哪里，如在客舱、贵宾室、会议室等，加强形体表现力和礼仪行为可塑性。

注：至少表现三种不同的环境。

任务 2　民航服务礼仪表演素材认知

任务目标：

1. 掌握民航礼仪技能展示的素材要求。

2. 了解民航礼仪技能展示的内容设计。

一、民航礼仪技能展示的素材要求

礼仪技能展示的目的是让学生把书本中的理论知识、平面的文字形象转化为鲜活的舞台形象，把礼仪理论当中具有行动性的语言创造性地转化为具有语言性的行动，从而培养学生的创造力。学生应尽可能多地学习理论，提高对礼仪的鉴赏、理解、感受和分析的能力。

图 5-2-1　礼仪技能展示 1

选择素材中"可视性强、行动性强、情感性强、实际性强"的片段，作为提高自身人物创造能力的素材，为塑造标准行为、优雅气质打下基础。

图 5-2-2 礼仪技能展示 2

图 5-2-3 礼仪技能展示 3

首先，礼仪技能展示是在书本理论讲述的基础上，学生进行的二度创作和展示。因此，必须严格按照理论要求的礼仪规范和知识点进行全面展示，把标准的动作行为和前因后果展示出来。

其次，民航礼仪技能展示主要是技能展示，技能用于实践则包含了动作、语言、表情等规范，尤其是语言，应做到让观众"听得见、听得清、听得明白、听得懂、好听、动听"。要把民航礼仪技能展示中的动作性语言表达出来，做到"言之有物、言之有情、言之有意、言之有理"。在此基础上，努力提高自身运用形体语言进行技能展示的能力。

最后，在感性分析和理性分析的基础上，要不断地对展示内容进行再分析、再认识、再实践。创作过程中进一步完善规定情境，体现实践场地、人物特点、人物思想和行动目的，体现技能实施的事与理，还应调动一切元素，包括道具的使用、场景的设置、服装的设计、动作的选择、音乐音效的配合、灯光的运用、展示者之间的互动等综合性的艺术手段来体现礼仪技能展示的艺术效果。

> **寻礼之问**
>
> 1. 民航礼仪技能展示的人物外部形象应该是什么样子的？包括服装、发型等外部特征的构建。
> 2. 民航礼仪技能展示的行动任务和真正目的是什么？

二、民航礼仪技能展示的内容设计

（一）明确展示目的

民航礼仪技能展示的指导思想要以"展示礼仪、讲究文明、提升素质、强化专业"为主题，以"礼仪、礼貌、礼节"教育为重点内容，以遵守规范、守则等养成教育为突破口，着眼于展示学生的思想道德素质、文明礼仪素养、专业技能。通过礼仪技能展示活动，强化文明意识、规范言行举止、强化专业技能、提升综合素质。

（二）设定形象展示

民航礼仪技能展示旨在考查和展现学生的专业礼仪风采，通过公众展示进行考核和总结。内容包含：微笑的礼仪内容，鞠躬礼，"请"的手势，男女式站姿、走姿和蹲姿以及男女士礼仪着装展示（如男士的领带系法、女士的发型制法等）。

（三）自编情景剧

民航情景剧礼仪技能展示的最大作用就是通过民航实际情景进行礼仪技能考查，让民航礼仪规范不光停留在理论和解读上。其内容包含迎客礼仪、称呼礼仪、介绍礼仪、握手礼仪、名片礼仪、引领礼仪、敬茶礼仪、座次礼仪、送客礼仪等，还包括民航岗位的服务用语、服务技能等。

任务 3 民航服务礼仪表演创作实训

任务目标：

1. 掌握民航礼仪技能展示情景剧的分析与创作方法。

2. 了解民航礼仪技能展示情景剧创作思路与注意事项。

一、民航礼仪技能展示情景剧的分析与创作方法

（一）熟读情景剧剧本

初读剧本时的感觉至关重要，应建立起对它的兴趣。主动地去了解它、研究它，它会帮助演员建立起形象化的舞台人物和舞台样式——也就是我们常说的"形象种子"。随着反复阅读剧本，这颗形象种子便会越来越具体，直至生根发芽，呈现出美丽而具体的演出形态。在阅读和分析的基础上，学生应把每一次的感受记录下来，写出人物小传、人物关系构成、主要矛盾和行动贯穿过程，以及自己所挖掘到的情景各要素。对其进行整理和补充，为接下来的排练提供纲领。

（二）了解民航情景剧专业背景

对情景的专业背景、人物背景进行分析和研究。例如，客舱乘务员礼仪情景展示，应首先掌握客舱乘务员的专业技能，如客舱迎送、餐食供应等机舱服务技能，并结合礼仪规范，多查阅相关资料，包括文字、图片、视频等，尽可能多地了解和熟悉作品中的

时间、地点、专业要求以及所包含的人文思想和社会问题等。

（三）明确情景剧主题思想

主题是指作者通过剧本冲突提出的基本问题。主题思想是对剧本提出的基本问题的回答，包括这个作品总的思想含义。

（四）厘清情景剧人物性格与人物关系

人物性格是指人物基本的内、外部特征。人物关系主要包括人物间的多层关系及具体实质、人物的"形象种子"以及人物在全剧冲突中占什么地位。在体现全剧主体和主题思想方面占有什么样的位置，能起何种作用，人物的最高任务和贯穿行动是什么等。

（五）掌握情景剧故事或人物冲突

这里的冲突主要是指社会性冲突。包括人物在意念、性格、信仰、精神和价值等上的差异。一部戏剧不仅要有明显的外部冲突，更要有细腻而复杂的内部冲突。外部的冲突如争吵、抢夺等；内部的冲突如猜忌、憎恨等。外部冲突留给人心理和意念上的东西是短暂的，而内部冲突则是会让观众及人们在心理上留下极长时间的印记。所以内部冲突有时产生的戏剧情境效果更佳。真正的冲突应该是社会性的，冲突会带来多种选择的可能性，冲突还可以形成各种不同人物的行为方式，以此来体现不同人物的精神性格。

（六）关注民航服务技能的事实与事件

剧本情节不可遗漏的环节是作者刻意点选的细节；行动发展相对完整的段落，能形成一个单元的过程等。不管是舞台上直接展现的，还是幕后发生的，抑或是台词交代或动作暗示的，都可以定为剧本事实。能纠葛起冲突、推动冲突、推动贯穿行动发展的舞台事实就是事件。事件与事件的环环相扣，连缀成全剧的基本冲突线。

例如，客舱乘务礼仪情景剧，可以通过真实案例，如机上火情、乘客突发情况、飞机迫降等特别环节进行编创。发生事件需要引发剧情冲突，在解决事件的过程中，体现乘务员的专业技能、礼仪行为等。

二、民航礼仪技能展示情景剧创作思路与注意事项

民航礼仪技能展示情景剧主要以行业人物设定、民航岗位情节表现、民航特色背景设置和结果呈现为思路，要有语言沟通、冲突表现和前因后果，故民航服务礼仪技能展示情景剧创作要有逻辑、符合实际情况，不能杜撰瞎编，不能偏离专业基础。

(一)民航礼仪技能展示情景剧创作思路——情景重现

情景重现，即将符合逻辑的实际现象重新呈现在舞台上，例如，在 A 剧中，只有主角才知道剧情，其他旅客都是临时接到"角色名签"的。主要角色有：售票员(有一句台词，要求给老人让座)，刚上车正找座的年迈老人，下班回家疲惫、犯困的职员，带孩子的家长，其他学校的学生等。事先要求拿到"角色名签"的同学要带着角色要求的身份观察整个情景剧，有自己的评价。这种设计的思路就是作为反面教材呈现的情景剧，让当事人看到不文明行为的"丑"，反思自己的言行，而"旅客"则通过观察剧中角色行为加深对文明礼仪的认识。

(二)民航礼仪技能展示情景剧创作注意事项

(1)民航礼仪技能展示情景剧一定要以真实的民航员工工作事迹为创作依据，不能单纯地复制，毕竟艺术源于生活且高于生活。切记不能过度照搬和堆积人物，否则会导致人物关系和剧情交代不清楚。

(2)选取情景时应首先选取自己熟悉的或本专业领域的情节，从简单的入手，难度较大的情景不要冲动考虑。

(3)许多情景剧剧本都已有成品，会造成一定视觉化的先入为主。在改编和创作时可以有所借鉴，但切不可完全照搬，因为情景剧不允许那么庞大的内容呈现，在了解剧情梗概和需要植入的礼仪元素的基础上，构建自己所想表达的新的情景体系和展示内容。

> **寻礼之问**
>
> 1. 人为什么一定要讲文明礼仪？应该怎样做？
> 2. 作为民航专业人员的我们，应该怎样提升礼仪素养？

· 触礼旁通 ·

图 5-2-4　客舱乘务员礼仪展示 1

图 5-2-5　客舱乘务员礼仪展示 2

图 5-2-6　客舱安全示范演示 1

图 5-2-7　客舱安全示范演示 2

在某高校 2023 年学生职业技能大赛的赛场上，空中乘务专业学子通过情景再现的方式，以服务技能为蓝本，进行了客舱乘务员职业礼仪展示、客舱安全示范演练等比拼，体现了空中乘务专业学生完美的综合素质和专业的职业风采。通过理论结合实践，以赛促学、以赛促教、以赛促训，全方位提升了空乘人员的整体专业技能，形成了有特色的学习型空乘服务体系，使学生将来可以为乘客提供更专业、更优质、更快捷的服务。

想一想：一场民航服务礼仪表演能给我们带来什么？

· 思政园地 ·

礼仪教育是德育养成的途径。礼仪教育可以保证学生在为人处世上具备一定的修养。礼仪是道德教育的先导，对于思想政治教育具有一定的促进作用。要使思想政治教育获得良好的效果，就需要以礼仪教育为先，从这个角度展开德育，以使受教育的学生成为高尚的人、纯洁的人。

礼仪教育是思想政治教育的有效载体。思想道德是一个人的内在素养，而礼仪具有载体的功能，使内在的思想道德通过外在的表现形式体现出来。在我们看来，道德属于人的精神素养，如果仅仅采取说教的方式不但缺乏说服力，而且抽象、晦涩、难懂，思想政治教育也很难达到良好的效果。在思想政治教育的过程中，将礼仪教育作为载体，做到育德于礼，潜移默化中提高了思想政治教育的有效性。

· 礼之实践 ·

根据你的专业，尝试制作一份民航礼仪技能展示情景剧方案，一定要包括情景介绍、角色设定、礼仪展示元素等内容，并自行分组进行编排。时长在 5～8 分钟。

· 项目自测 ·

1. 民航礼仪技能展示主要是（　　）。（单选题）

A. 角色　　　　　　B. 技能　　　　　　C. 剧情　　　　　　D. 表演

2. 民航礼仪技能展示情景剧创作思路是( )。（单选题）

　　A. 情节设计　　　　B. 台词设计　　　　C. 情景重现　　　　D. 舞台表现

3. 情景剧故事或人物冲突主要是指( )冲突。包括人物在意念、性格、信仰、精神和价值等上的差异。（单选题）

　　A. 社会性　　　　B. 情绪性　　　　C. 思想性　　　　D. 格局性

4. 礼仪表演，即把约定俗成的礼仪规范或要求通过公众表演的方式，将( )展示出来。（多选题）

　　A. 风貌　　　　B. 风尚　　　　C. 素养　　　　D. 特色

5. 主题是指作者通过剧本冲突提出的基本问题。主题思想是对剧本提出的基本问题的回答。( )（判断题）

6. 民航情景剧礼仪技能展示内容包含迎客礼仪、_____礼仪、介绍礼仪、握手礼仪、_____礼仪、引领礼仪、_____礼仪、座次礼仪、_____礼仪等。

7. 民航礼仪技能展示的指导思想要以"展示_____、讲究_____、提升_____、强化_____"为主题，以"_____、_____、_____"教育为重点内容，以"遵守_____、_____"等养成教育为突破口。

8. 请简述民航礼仪技能展示情景剧创作注意事项。